中公文庫

大野伴睦回想録

大野伴睦

中央公論新社

まえがき

私は政友会の院外団として、政界入りして以来今日まで、一度もいわゆる「月給とり」になったことがない。明日知れぬ政界浮沈の波間に、五十年ばかりを政党生活ひとすじに過ごして来てしまった。古稀をこえた今、政界にはもはや何の野心もなく、時おり老後静穏な句作生活を夢みるようになった。そんな私を見てか、周囲の友人たちが、五十年にわたる風変りな私の政治生活の思い出を書き残しておけという。もとより朝から晩まで公事に追い回される身なので、十日や二十日で書きあげるわけには行かぬ。二年、三年と書きためて、ようやく一書となって陽の目を見るに至ったものだ。その編集は、私の前の秘書山下勇君（現藤田航空代表取締役）と親しい新聞記者諸君をわずらわした。

こうして出来あがったこの回想記を、私は六十余年にわたって迷惑をかけつづけた亡き母に捧げたい。

昭和三十七年夏

大野伴睦

目次

大野伴睦回想録

第一章　生いたちの記

幼年学校に落第・上京

私は明治二十三年九月二十日、岐阜県山県郡谷合村に生まれた。この谷合村は、昭和三十年四月一日の町村合併で美山町となったが、岐阜市から北約二十キロ離れた山村である。神崎川、葛原川が合流し、谷と谷とが相合した地点なので、昔から谷合村と呼ばれ、その名のように猫額大の田畑があるだけだった。

米作が村の一カ月分をまかなうくらいにすぎなかったので、林業が村の主な仕事だった。私の生家はいわゆる素封家で、父直太郎は収入役、助役、村長と通算四十年余を務めていた。母の国枝は呉服屋を片手間に開いていたが、私が小学校へ行くころはやめていた。兄弟は長男が富之助、小学校の教師生活を押し通し、大垣市学務課長や岐阜県教育委員を務めてきた。今年八十歳になるはずだ。この兄の次に二人の兄がいたが、いずれも夭折、私は四男坊だった。

弟が一人いる。日本大学の付属中学を卒業寸前に父の死に会い、郷里に母を独りぼっちにしておくのは、かわいそうだと大学進学を断念した。村に帰ってからは、青年団長や村長をやっていたが、終戦でパージになり、いまは名古屋市にある東海ラジオの常務と東海テレビの役員を兼ねている。

妹は二人いる。一人は隣村に嫁いでいまも健在だ。もう一人は、神戸市役所の技師と結婚して、満州に渡り、満鉄のハルピン病院の薬局長をやっていたが終戦から引き揚げまでの苦しい生活で体をこわし、病死してしまった。

こうした七人兄妹のなかで、父や母は私を軍人にしようと考えていたようだ。私もいつの間にか、両親の気持を知り、そのつもりになっていた。

父は日露戦争避けられずとみて、長兄を明治三十六年に師範学校に入れて兵役を短期で切り上げてしまった。長男だから家をつぐのに、戦争で万一のことでもあったらと考えたのだろう。その代りに私を軍人にすれば、兄の分までご奉公できると思ったのではあるまいか。

軍人になることが、男子の本懐といわれていた時代のことだ。高等小学校を卒業した私は、ただちに陸軍幼年学校受験の準備をはじめた。受験資格は満十五歳なので、私もその気になって代用教員をやりながら、ひたすら国語や地理、数学を勉強したものだった。

忘れもしない明治三十八年二月、父に連れられて受験のため名古屋市に出かけた。泊ったのは、入口に文久銭を型どった看板のでている「銭屋」という旅館だった。

翌朝、試験場の名古屋陸軍幼年学校に勇んで出かけた。校庭には軍服姿の幼年学校の生徒が濶歩している。その姿に私は目を輝かし、合格への期待で、胸をはずませた。

第一日目は身体検査で、順番通りに検査を受け、歯科医のところへ行くと「虫歯が二、三本ある」と首をかしげている。なんとなく不安な気持になったが、待合室の父は「虫歯ぐらい」と気にしていない。翌日、身体検査の不合格者が発表された。残った者だけが筆記試験を受けることになっていた。

父と一緒に、不合格者の一覧表をみにいくと、なんと私の番号がのっているではないか。見間違いではないかと、喰い入るようにみたのだが、まさしく私の番号だ。涙がいつの間にかにじみでて、一覧表もぼんやりかすんできた。

「おい、宿にもどろう」

うしろに立っていた父に声をかけられると、堰を切ったように涙があふれて、声をあげて泣いた。

「男が涙などだすものではない」

半ば叱るように父にいわれ、すごすごと旅館に戻った。

その夜は、部屋の片隅に座り込んで、泣きじゃくるだけだった。これで人生のすべてが終ったように、思えてならなかった。事実、その後長い人生で苦しいこと、悲しいことには何度となく出会ったが、このときくらい思いつめたことはなかった。

翌朝まで一晩中泣き明かした私は、いっそのこと、死んでしまおうとまで思い詰めていた。

「軍人は身体が丈夫でなければつとまらぬ。わしは、お前の体が弱いとは思わぬが、医者がそういうのだから仕方がない。人間は思い切りをよくするのも大切だよ」

父に切々と諭されて故郷に再びもどった。後年、このときのことが話題になると家族から「あのとき、虫歯がなかったら、いまごろは戦死していたかも知れませんね」とひやかされる。全く、人生、なにが幸いするかわからない。初志貫徹で一生を幸福に送る人もいるが、私のように、初志が実現しなかったことが、別の人生を展開するきっかけになったのだから――。

父をはじめ一族の期待を裏切って幼年学校入試の一戦に敗れた私は、しばらくの間は家でぶらぶら遊んでいた。

長兄はしきりに、師範学校へ進学をすすめる。しかし私は先生に向くような〝柄〟でないことを自覚しているので、受験する気になれなかった。それより、いつの間にか「東京へ行きたい」という気持が、次第にかたまってきた。

これには父が反対だった。東京へ行って、中途半端な人間になったのでは、一生とり返しがつかないというのだ。古風な父にとって、華やかな都会はなんとなく、魔の淵のように映ったのだろう。やっと父を説得し、家族の見送りをうけて、岐阜から汽車にのったのが、明治四十一年四月一日、十八歳のときだった。

アルバイト・明大入学

新橋駅のホームに降りた私は、わずかばかりの手荷物をもって、神田にいる叔父の家に向った。叔父は駿河台の現在の主婦の友社のそばで、臼井写真館というのをやっていた。母の弟で近所では名が通っていたようだ。

ひとまず、この叔父をたよってきたわけだが、その叔父は私の顔をみるなり、

「苦学などしたってつまらん。人生は早く独立したものが勝利を占める。だらだら学校へ行くより、なにか技術を身につけたらどうだ。いっそのこと、叔父さんのところで写真術を覚えて、店でも持ったらどうか。その方がおっかさんも安心する」といった。

しかし叔父の意見は、私には馬耳東風だった。叔父の家から見える明治大学の校舎に、心が奪われていたからだ。

苦学して弁護士になろう――。これが、私にとって人生の目標だったのである。それに

は大学に通わねばならぬ。私はすでに明治大学に入学する決心を固めていた。

ところが、はじめは親切だった叔父の家族も日がたつにつれ、居候扱いをしはじめた。家を出るとき一年分の生活費を渡されていたので、ついこちらも強気となり「えい、面倒」とばかりに、神田の学生街の下宿屋に引越してしまった。

そして近くの研数学館や正則英語学校に受験勉強に通った。このころの私は勉学一途、真面目そのものだった。予備校の帰りに焼きいもを買い、懐中に入れて下宿にもどる。薄よごれた下宿の一部屋で、いもをたべながら正則英語のリーダーを暗誦したり、代数の公式に首をひねるといった毎日を続けた。

そのうちに学費が乏しくなった。あれほど反対した父に、いまさら金を送れという気持になれない。さりとて、叔父の家に逆もどりは嫌だ。いまでいえばアルバイトで稼ごうというわけで、毎日職探しに歩くのだが、探してみると「働きながら学ぶ」などという都合のいい話はころがってはいない。

手持ちの金も減る一方で、切羽詰まってしまった。かくして下宿の天井をにらみながら考えあぐんだ末、一世一代の「名手紙」をしたためることになった。

手紙の相手は当時、陸軍少将で参謀本部第四部長の大島健一氏。戦争中の駐独大使でA級戦犯の罪を問われた大島浩陸軍中将のお父さんである。

私は大島さんと一面識もないが、同郷人であることを母から聞いていた。時代は明治の末期。同郷意識の強いころなので、郷土の先輩にすがろうと思い立ち、大島少将に次のような趣旨をメンメンと綴った手紙を出した。

「――御尊台とは同郷の者、家、貧にして苦学を志しているが、不幸にして職をえないなにとぞ、この私を救っていただきたい――」

数日たつと一通の葉書が下宿に舞い込んだ。参謀本部日露戦史編纂部庶務課長加曽利総次郎陸軍少佐と、えらく四角ばった差出人である。文面には「大島閣下に御書面の件につき面談致したく、出頭されたし」とある。切羽詰まった私の気持が大島さんを動かしたわけだ。地獄に仏とは、こうした場合にあてはまる言葉なのだろう。葉書を片手に、安下宿の二階ではね回って喜んだことを覚えている。

指定の日に三宅坂の参謀本部に飛んで行くと、加曽利少佐がすぐ会ってくれた。予備役のおじいさんだったが、いかめしい口ヒゲをひねりながら重々しく「大島閣下とは、どのようなご縁ですか」ときいた。

親類の一人くらいに思ったのだろう。私はあっさり、苦学を志し同郷の先輩として助力をお願いしたのだというと、加曽利少佐は、

「それでは、陸軍大学の大沼さんのほん訳の手伝いをして下さい。クロパトキン将軍の日

露戦争回顧録を大沼さんが訳される。君は訳文の口述を筆記すればよろしい」といった。

勤務は月、水、金の週三回。大沼さんがポツリポツリと口述するのを、筆記するだけで月十六円の手当がもらえた。当時、三食付きで六畳一間の下宿代が六円、月謝が一円五十銭の時代だ。この十六円の手当では十分すぎた。

これで生活の方は大丈夫。次は大望の明治大学への入学である。大学受験には中学卒業の免状が必要だ。これには、ちょっと困ったが、順天堂中学の校長松見文平氏に頼み、中学五年の二学期から学籍に入れてもらい、卒業免状をもらった。

なにしろ、のんびりした明治末期のこと。途中入学といういまでは考えられないような放れ業も、さして珍しいことではなかった。

かくして明治四十三年四月、念願の明大の校門をくぐることが出来た。専門部の法科だった。生活の安定もできたので、心も軽く駿河台に通った。羽織ハカマに朴歯の下駄をつっかけて典型的な明治書生を気取っていた。

人間はだらしないものだ。生活が落着くと下宿生活の無聊をちょいちょい酒でまぎらすようになった。あるとき、浅草へ行って電気ブランを飲みすぎ、翌朝ひどく腹痛に苦しんだ。余りの痛さにみてもらったら急性盲腸炎ということでさっそく入院した。いまなら盲腸は手術さえすればすぐ治るが、当時は下手をすると命とりだった。

下宿のおばさんが郷里に電報を打ったので、母が飛んできた。一週間、病床につききりで看護してくれたおかげで、どうやら回復に向い、床のうえに起きられるようになったある日、母が、どうも足が痛いという。みると、上京以来一週間余も足袋を脱がなかったために、足がはれあがりコハゼが肉に喰い込んでいる。

「お前のことで夢中になって、足袋を脱ぐのを忘れておった」

何気なくいう母の言葉に、私は涙があふれて仕方がなかった。東京で勝手なことをして病気になった私に、母はこうまで心配してくれるのかと――。

母は私に、しばらくの間、郷里にもどって静養したらどうかといった。足袋の一件で、すっかり母の真情に打たれたためか、すなおに東京を引き揚げた。その年の八月のことである。

イザリになって小説家志願

久しぶりに帰った故郷の山川は、妙になつかしい。

わが家にもどったという解放感のせいか、病後間もない体のくせに、長良川の支流で夜打ちというのをやった。夜の十時ごろ、川下へ投網を打って十二時過ぎまで川上へ打ち上げる。獲物はアユもありハヤもある。時間のたつのも忘れて川の中に入っていたが、翌日急に発熱した。

医者にみてもらったが、原因がわからない。十日ぐらいすると熱が下ったが、足腰が立たない。病名は「脊髄炎栄養神経マヒ」という。近郷の名医に片っ端から診断してもらったが、治療の方法がないという。

上半身は健康で食事や読書は出来るが、座ったままなのだからイザリの生活だ。間もなく九月になり、二学期が始まるがこれでは上京すら望めない。

「わしはもう片輪ものになってしまった」

夢にまで描いた弁護士には、もうなれない。それどころか、これからイザリが生きていくにはどうしたらいいのだろう。

母は「親のあるうちはどんなに貧しい生活をしても、自分の産んだ子じゃから食うにことは欠かせない。だが、自分が死んだら兄の世話にならなきゃならん。ついては手内職でも覚えさせよう」と心配する。

手内職といっても、田舎ではワラジをあむか、カゴ細工ぐらいしかない。生来、不器用な私は、田舎で育ったくせに、ワラジすらあめない。折角の母の心配も、どうしようもなかった。考え抜いたあげく、小説家でメシを喰おうと決心した。文筆なら多少の自信があったからだ。地方新聞の小説でも書けば一日に五十銭か一円くらい稼げると思った。

それには、有名作家の作品を読んでおくことが大切と、金色夜叉、不如帰をはじめ小杉天外、幸田露伴など手当り次第に読破した。その間、腕試しのつもりで東京の「良友」とかいう投書雑誌に投稿、何回か入賞してメダルをもらったりしたこともあった。

あるとき、金毘羅さんの御利益でたちまちイザリが全治したという講談本を見つけだし、夜を通して読みふけった。

明け方、夢をみた。イザリが金毘羅さんのおかげで、足がなおっている。そして、自分までイザリが治っているように思えて、ハッと夢からさめた。すると、いままで死人のように無感覚だった両足が、なんとなく暖かい。

「これはきっと、正夢かも知れん」

むっくと床の上に上半身を起すと、手近かにある碁盤をひき寄せ、片手をかけてゆっくり、体を持ち上げてみた。片手に力を入れながら、じりじり中腰の姿勢になって思い切って両足に力を入れると、今まで動かなかった足が、どうにかいうことをきく。「しめた」と碁盤から手をはなし、完全に立ち上ると、バッタリ倒れてしまう。

二、三回、こんなことをくり返しているうちに、ようやく、二、三歩足が動き、障子につかまった。

「なおった」という気持と「東京へ行ける」という感激が、ごっちゃになって半ば無我夢中、思わず大声で「おっかさん」と叫んだ。母は廊下を飛んできたが、障子越しに立っているる私をみて「トモが立った」といいながら尻もちをついた。同時に私も「おっかさん」といいながら、どたんと尻もち。

それから、わが家は火事場のような騒ぎになった。役場にいる父に知らせると、手にした筆を握ったまま、家にかけつけるという喜びようだった。

その晩、一家は赤飯をたいて病気全快を祝った。

健康の回復につれ、諦め切っていた弁護士熱が、またもや頭をもちあげて無性に上京したくなったが、家族は「とんでもない。また病気になるだけだ」と言下にはねつける。

こっそり上京されてはと、両親は一銭の小遣銭もくれない。欲しいものがあったら言えば買ってくるという。

このままでは、いつ上京出来るかわからないので、ついに無断で家を飛び出る決心を固め、その機会を待っていた。

明治四十五年七月十九日、妹の嫁ぎ先の隣村、大桑村は、朝からお祭でにぎわっていた。好機逸すべからず「妹のところへいく」と家を出た。紺がすりの羽織に草履をつっかけ、もちろん、懐中は一文なし。妹に金をかりて汽車賃にしようと考えていた。

しかし、妹の家に行ってみると、兄として「金を貸せ」とはいいにくい。玄関口で妹に会い、その足で郡役場の所在地、高富町へ行った。この町になじみの小料理屋があった。「本を買いに来たが、金を忘れた。すまんが五円ほど貸してくれ」と女将にいうと、お安い御用と金を貸してくれた。

いまにして思えば、大西ハルというこの女将は大恩人だ、このときは上京したいばかりに、心ならずもウソをついた。

高富町から岐阜市までオモチャのような電車が走っている。岐阜市で昼食をたべ、七十銭でハンチングを買い、十五銭でタビをはいた。東京までの汽車賃は三等で、二円九十四銭だった。新橋に着いたときは、懐中残り少なかった。大学時代の友人が千代田区麹町元園町にいたので、ここで二回目の上京のわらじを脱ぐことにした。

第二章　青春日記

焼打ち事件で監獄行き

両親に無断で上京してから間もなく、明治天皇がおかくれになった。政府は第二次西園寺内閣だったが、有名な二個師団増設問題が命とりになり、大正元年十二月五日、総辞職した。

翌日、元老たちは宮中に集まって後継内閣の首班を協議したが、引き受ける人がないので、内大臣の桂太郎を奏請した。世間では桂も辞退すると思っていたところがあっさり引き受け、組閣したので長州閥が憲政をほしいままにするとの、桂反対の世論が強まった。というのは、西園寺内閣が総辞職したのも、長州が生んだ軍閥総帥山県元帥らの横車が原因だったからで、交詢社を中心とした実業家、新聞記者、さらに政友会の尾崎行雄、岡崎邦輔、国民党の犬養木堂など政治家も加わって、大憲政擁護運動を展開した。

このころ、私は毎日のように麹町の友人の家から、せっせと近くの大橋図書館に通って弁護士試験の準備をしていた。ある日、京橋新富座の前を通りかかると、憲政擁護の大演説会が開かれている。

暇だったので、何気なく入ってみると、尾崎行雄、犬養毅両雄が雄弁をふるっている。聞いているうちに、すっかり両氏の演説に魅せられてしまった。二十歳そこそこの多感な青年時代のことだ。じっとしているのが、悪いような気になってきて「よし、わしも立ち上ろう」と決意した。その時にはすでに弁護士受験のことはどこかへすっとんでしまっていた。

数日後、神田錦町の松本亭に木下三四彦という弁護士を訪ねた。彼は都下の各大学を動員して「都下大学憲政擁護連盟」を組織していた。ここで木下氏から運動の趣旨をきき、参加することになった。早速、麹町の友人宅を引き払い、松本亭に寝泊りするようになった。以来結婚するまで七年間も、ここの世話になった。私たちの仕事は、桂太郎がつくった立憲同志会に対抗して開かれる演説会のビラはりや会場の世話が主だった。

大正二年一月二十一日、休会明けの第三十議会が再開された。政友会、国民党は一体になって内閣弾劾の決議案を上程すると、桂はただちに停会をもって臨んだ。

桂は自分の方の都合が悪くなると、すぐに停会という〝切り札〟をもち出す。尾崎行雄が「――詔勅を弾丸とし、玉座を牆壁とし――」の名演説をぶったのも、このときである。

停会期限がおわる二月十日、政友会は藩閥内閣と対決の意気に燃え、不信任決議案をたずさえて議場にのり込んだ。

私はこの日、同志らと午前中から日比谷の議事堂をとり囲んでいた。政友、国民両党の代議士二百五十人はすべて胸に白バラをつけ、さっそうと人力車や馬車でやってくる。そのたびに、私ら学生団や院外団が「白バラ軍万歳」と叫ぶ。桂派の同志会の代議士が姿をみせると、人力車ごと「閥族を葬れ」ともみくちゃにする。

午後になると、次第に群衆も数を増し数万の人々が桜田門、虎ノ門、日比谷の三方から押し寄せた。ことの重大さに警視庁は、四千人の警官をくり出して警戒するほど。

午後一時すぎ、再開議会がまたもや停会となったことを知った群衆の怒りは頂点に達した。「桂を出せ」と口々に叫びながら、議事堂周辺を十重二十重と囲んでいると、騎馬巡査を先頭に警官隊が、群衆を追い散らそうとする。

「官憲がやってきた」というので、いよいよ興奮した群衆は「御用新聞をやっつけろ」と、近くの都新聞社に殺到して火をつけた。二頭立ての馬にひかせた蒸気ポンプが消火にかけつける。放火者は次々と逮捕されるが、群衆の勢はおさまるどころか、波となって都新聞社の前の日比谷公園に流れ込んでいった。ここで私も、一席ブッた。

ムコの良民が騎馬巡査に蹂躙されるとは、なんたることか。これぞ閥族政治の悪である。

「われら死して憲政を守らん。閥族桂太郎を葬れ……」

いま考えると、ずい分手荒い演説だが、血気にはやる青年だし興奮のるつぼの最中のことだ。止めてもやめるものではない。暴徒と化した群衆は、日比谷から銀座方面に流れて、国民新聞、読売新聞を軒なみに襲った。襲われた新聞社も黙っていない。二階から椅子やテーブルをなげつけ、抜刀して反撃する。ついに死傷者まででる騒動となった。いわゆる「日比谷の焼き打ち事件」である。

このとき、私も逮捕された。もぐっていた私服刑事に外套に白墨で印をつけられていたからだ。二人がかりで刑事に手をとられたのは、国民新聞社の前だった。

警視庁へ連行されてみて驚いた。私と同じように捕った連中が二百五十数人もいる。仲間が大勢なので、初めの中はしゅんとするどころか、意気軒昂だ。留置場内で「閥族政治、なにするものぞ」と、いまでいうアジ演説をぶつものさえいた。

翌十一日は紀元節だ。時事新報や中外新報などの記者団や、東京弁護士会の有志が、警視庁を訪ね、私たちを激励にきた。「諸君、ついに桂内閣は総辞職したぞ。喜び給え」。喜べといっても、こちらは寒い留置場にぶち込まれている身だ。万歳を口々に叫んだもののの、そろそろ気がめいりかける。

翌日、生まれてはじめて指紋と調書をとられ、市ケ谷監獄に収容された。大学時代の友人や学生連盟の仲間がかけつけて、差入れ弁当や毛布、着替えを持ってきてくれた。そうなると下宿屋にいるより居心地がいい。

しかし身許照会が原籍地の村役場についたとき、父が村長をしているから、両親にはかくしようがない。親不孝をしたものと、自責の念も起ったが、考えてみれば泥棒をしたわけではない。国家の憲政を守ろうとして、若気のいたりで法を犯しただけだ。父もきっと許してくれるだろうと、自分で自分をなぐさめていた。取調べの方は、一週間たっても十日過ぎても、いっこうに呼び出しがない。二百人からの逮捕者があるので、調べもはかどらないのだ。この間に私は、ひとつの作戦をたてた。起訴状によると、私は刑法第百六条の第二項に該当するという。旧刑法では第百六条が「騒擾ノ罪」で「多数聚合シテ暴行マタハ脅迫ヲ為シタル者ハ――」として第一項が、一年から十年までの懲役。二項の「他人ヲ指揮シ又ハ他人ニ率先シ勢ヲ助ケタル者ハ」半年から七年までの禁固か懲役である。

つまり、自から陣頭にたって「御用新聞をやっつけろ」と叫んだとなると、二項になり、半年から七年の刑。大勢の人が押しかけていくのに混じって、私もヤジ馬気分でついて行ったとなると「附和随行」で、同条の第三項に該当、これだと五十円の罰金ですむ。

法律書生だったのが役にたち、あくまで「附和随行」で刑罰をのがれることにハラを決めた。やがて看守の呼び出しで、二頭立ての馬車に数珠つなぎに乗せられ、日比谷の検事局に送られた。

当時は予審廷というのがあって、浅見峯次郎という判事が担当となった。この判事はなかなか親切な人で、「新聞社へ行けと人々が叫ぶので、あとからついて行ったまでです。決して演説などしておりません」との私の申し立てを聞いていたが、「よろしい。次回は君を逮捕した刑事と対決させるから、そのつもりで――」と、その日は終った。前もって私は徹頭徹尾、知らぬ存ぜぬで押し通すことに決めていた。あの騒ぎでは、いくら刑事とはいえ、十分に私の顔を覚えているわけがないと思ったからだ。

テーブルをはさんで向い合うと、浅見判事は、

「被告はこの二人に面識があるか」

「いや、全くありません。どこのどなたか存じません」

私の言葉がおわらないうちに、二人の刑事は怒りだした。

「君、それは卑怯だぞ。都新聞社の前でステッキを振りあげて、さかんに扇動演説をやっておったではないか」

「とんでもありません。群集の騒ぎを見物に行ったまでのことです。どこに証拠があって、そんなことをいわれるのですか」

「君がステッキを振りあげて夢中になって叫んでいるとき、外套に白墨で印をつけておいた。その後、都新聞社の前からあちらこちら騒ぎ回るのを尾行して、国民新聞社の前で逮

捕したのだ。それをいまになって知らぬとは何事だ」

「刑事さん冗談をおっしゃっては困ります。人間は後に目はついてはおりません。印をつけたといわれても、私には反論が出来ない。仮りに白墨がついたとしても、都新聞のところにいたのは昼ごろです。それから何万人という人ごみのなかで、わっしょい、わっしょいともみ合い捕まったのが夜です。消えるのが当然でしょう」

刑事と私の押問答を、じっと聞いていた浅見判事は「現行犯ならいざ知らず、白墨で印をつけたとはいえ、十時間も経過して捉えたのでは、十分な証拠にはならない」と、私を第二項の該当者ではないと判断してくれた。

予審調書を書きおえた浅見判事は「保釈も一両日中に許されるだろう」といいながら「こうは書いたが、君はあの二人を知っているのだろう」とにやにや笑っていた。

政友会の院外団入り

約一カ月半ほどの未決監生活を、保釈で出所した私は再び神田の松本亭に舞いもどった。入獄中、神田の大火で私のかつての下宿屋は丸焼けになるし、岐阜の両親からは監獄に入るような不孝者は、今後一切かまわぬと、勘当をうけていた。松本亭の女将は「伴ちゃん、裁判が決まるまでうちにいなさい」と気さくに言ってくれるし、こちらは落ちつく先がないので、女将の親切に甘え居候をきめこみ、大橋図書館に通ったりしてぶらぶら過した。

ある日、ふとこんなことを思いついた。

――親から勘当を受けるほどの騒ぎをやったが、なにも政友会から頼まれたわけではない。あの騒ぎで桂内閣は倒れ、政友会は万々歳だが、俺はおかげで臭い飯をくわされた。こうやって松本亭では食わせてくれるが、小遣銭まではくれない。ひとつ政友会とかけ合って慰謝料をもらうことにしよう――

下駄をつっかけると、芝公園五号地の政友会本部を訪れ、原敬総裁に面会を乞うた。院外団の猛者連がでてきて「総裁はお留守だ。よしんばいても、お前には会わない」と玄関払いである。それでも一週間ほど毎日のように本部を訪ねた。そのうちに葉巻をくわえた記者風の紳士が、連日押しかけてくる私に興味を感じたのか「一体、なんの用件か」と話しかけてきた。日比谷の焼き打ち事件に連座して生活に困り、原総裁から小遣銭をもらうつもりだと語ると、

「なるほど面白い男だな。しかし、ここに来てもだめだよ。内務省に行って高橋という秘書官に会え」

という。この親切な記者は、当時、大記者として原総裁とも親しかった前田蓮山氏だった。前田氏の紹介で内務省を訪れると、高橋さんは気持よく会ってくれた。私の話を一部

始終聞いたのち「それはお気の毒です。原先生はご多忙だから、党の幹事長を紹介しよう」といってくれた。

昔の政治家は話のわかりが早い。村野常右衛門氏への紹介状をしたためてくれた。この村野さんは都下の三多摩が選挙地盤。いまの福田篤泰君の選挙区で、三十三年秋の選挙の際にお墓参りをして往時の思いにふけったものだ。そのころの村野さんは、横浜倉庫会社の専務取締役で、横浜の青木台に自宅があった。東京では、内幸町のＮＨＫの前にある胃腸病院のうら手に、植木屋という旅館があって、そこが定宿だった。

翌日、高橋秘書官の紹介状をもって植木屋を訪れると、村野さんは気持よく会ってくれた。座敷に通され、秘書官に話したように「政友会の犠牲である」とまくしたてると村野さんはほほえみながら、

「偉いぞ。よく憲政を擁護してくれた。国家のためにこれからもしっかりやってほしい」

おりから、昼食どきとなった。酒やビールまでごちそうになりながら、将来の目標はなにかと聞かれた。図々しくも、私は生活費の援助を乞うた。

「この事件で大学は退学になりましたから、新聞記者か雑誌記者にでもなろうと思っています。ところが、どこも裁判が終るまで採用してくれません。それまでの間の生活費をお願いしたいのです」

ざっくばらんに希望を述べると、村野さんは嫌な顔もしないで「いくらいる」といわれた。

「三十円ほど――」

「よし、わかった。毎月二十五日にこの旅館に訪ねてこい。わしが不在のときは帳場にあずけておく。今日はここに百円ある。机などを買いなさい」

一カ月に二十五円もあれば生活できた時代だ。毎月二十五日になると、植木屋旅館に金をもらいに行った。そのうちに村野さんから、生活の様子を聞かれた。図書館通いをしていることを話すと、

「図書館通いもいいが、政友会本部に遊びに来給え。本部には十日会といって新聞記者の会もある。貴族院、衆議院の代議士や、院外団という将来政治に志を抱いている有為の青年もおる。また、新聞雑誌はもちろん、碁もあれば将棋もある。ここに遊びに来た方が、図書館に行くより君のためになると思うが――」

村野さんのすすめで、間もなく政友会本部に出入りするようになり、次第に代議士や院外団にも馴染みができていった。村野さんはなぜ一介の無名の青年に、このように親切だったのだろうか。ご当人からこのときの気持はついに聞かずじまいに終ったが、察するところ、村野さん自身が若いころ板垣退助の自由民権運動で、有名な和歌山事件に連座、懲

役三年の政治犯として苦労したことがある。たまたま私の話を聞いて、自分の青年時代と似ているので同情してくれたのかも知れない。

本部に遊びにいっているうちに、佐原七郎、佐久間伝吉、鈴木義隆、尾作兼蔵、古山久三郎といった院外団の幹部連中とも仲よくなっていった。そのうち、地方選挙がはじまると、院外団も人手不足で忙しくなってきた。そのためでもないがかねてから「院外団に入らんか――」と誘われていた私は、小久保喜七という茨城県の代議士に頼まれ、土浦で選挙の応援演説を手伝った。

これがなかなかの好評で、「大野君は演説が上手だ。ぜひ、われらの仲間に入り給え」と東京に帰ってからも熱心にすすめられる。ついに意を決して党籍をとることになった。二十四歳のときである。

院外団に入ってからの私は、水をえた魚のように動き回った。地方へ遊説に行けば日当を十円もらえる。地元ではわれわれには一銭も使わせないで、旅館の手配から人力車まで用意してくれる。十円はまるまる残る。その金で酒をのみ、芸者遊びと、大いに青春を楽しんでいた。

こんな毎日を送っていると、当時政友会担当の記者で、先頃まで日本放送協会会長をしていた野村秀雄氏が、

「大野君、いつまでも院外団でごろごろしているより、君は文筆の才能もあることだし、新聞、雑誌で十分にメシは食えるよ。一日も早く正業につきなさい」

親切心からの忠告なのだが、まるで院外団を頭から無頼の徒の集りのように決めてかかっているのが、私には大いに不満だった。

「野村さん、新聞記者がナンです。だれにでも務まる仕事ですよ。とくにあなたのような『にては記者』なんか——」

「にては記者とはなんのことかね」

「昼ごろ本部にきては『政友会にては、午前十時に総務会を——』と原稿を送るだけ。あとは碁でも打っているのでしょう。だから『にては記者』ですよ。このくらいのことなら給仕でも出来る仕事です」

最近、野村氏と会って往時の思い出話に花を咲かせたが、この話を持ち出すと、

「私はそんな失礼なことを言った覚えがないね」

「いや野村さん、言った方は忘れても、言われた方は覚えているものですよ」

と大笑いした。確かに野村氏のように正業についていたら、いまごろどんな「大野伴睦」になっていただろう。人間の人生くらい一寸先もわからないものはない。

アジ演説でまたも投獄

院外団時代には随分面白い思い出がある。その代表的なのが獄中生活だ。日比谷の焼き打ち事件のときは、なんといっても書生だったし、戦後昭電事件のときの拘留は、私もひとかどの〝大人〟になっていたから、拘留中ではこれといった話もない。それにくらべて、院外団時代は、血気にはやっていたし、「監獄がなんだ」とハラも据えていたので、人生の表裏を知るにはいい勉強をした。

大正四年のことだ。大隈内閣の外相加藤高明が手がけた中国との「対支外交二十一ヵ条」は朝野をあげての論議の的となった。中国の袁世凱政府に対し、加藤外相が、南満州、山東省に関する日本の権益について、二十一ヵ条の要求を突きつけたのだが、交渉は難航をきわめた。これこそ、大隈内閣の軟弱外交の故《ゆえ》だと野党の政友会は大いにその非をついた。私の所属する院外団鉄心会も「対支青年同盟」なる看板をかかげ、世論喚起のための演説会を市内十五区のいたるところで開いた。

外交問題で国論が沸騰するのは、いまにはじまったことではない。明治維新の開国以来、今日まで日本の一大特色ともいえる。

ある夜、この演説会を本所緑町の寿座で開くことになった。森恪などそうそうたる弁士が、つぎつぎと立って熱弁をふるい、加藤外交の軟弱を激しく攻撃した。このとき面白い演説をした人に、のちに拓務大臣になった秦豊助さんがいた。「信ずべからず」という演題で、ひとこと言うたびに「――従って加藤外交は信ずべからず」と結ぶ。ついに場内は爆笑の渦に巻かれたが、当人はいっこうに平気で、しきりに「信ずべからず」を連発している。内務官僚出身にしては、毛色の変った愉快な人だと思った。

私がぶったのは、大正四年五月十三日の夜で、演題は「日比谷のつつじ、まさに紅いなり」と、いかにも文学青年じみたものだが、内容はその反対で極めて戦闘的だった。

私は加藤外交を攻撃した、最後の結びに「――このように国論が沸くたび、わたしは日比谷を思い出す。古くは万延元年三月三日の桃の節句に、老中井伊掃部頭が水戸浪士の手で桜田門外に倒れている。維新後は日露戦争のポーツマス講和会議の際、小村寿太郎が軟弱外交の故に日比谷の国民大会で糾弾され、ついに焼き打ち事件にまで発展した。

近くは桂内閣打倒の憲政擁護運動がやはり日比谷で開かれた。かくいうこのわたしも連座して、下獄するほどの騒ぎであった。このように、国論沸騰のたび日比谷はつねに民衆の叫びの震源地となる。諸君、われわれは近日中に大隈内閣の軟弱外交を弾劾する国民大会を、以上申し上げた故知にならって日比谷で開こうと思う。そのときはふるって参加されたい。来たれ日比谷に。集まれ日比谷に――」。

場内は私のアジ演説に興奮して「わアー」という声まできかれる。余り調子づいたので、私はちょっと心配になった。場内に入り込んでいる刑事に「扇動」だと、踏み込まれる恐れがある。

そこで、こうつぎ足した。

「――ただし、日比谷といえば陛下のおひざ許である。ここを騒擾の街と化すのは、上御一人に対し恐懼に耐えない。従って、このような『意気』と『気概』を抱いて、日比谷に来たれ」

「焼き打ちに来い」とはいわず「焼き打ちでもしかねない意気で来い」と、抜け道をつくって、しめくくりとした。うるさい警察も文句のつけようがあるまいと、たかをくくって松本亭に引き揚げた。

二、三日すると本所署の者だがと、刑事が四、五人もやって来て「署まで来い」という。「治安維持法違反で逮捕する」と、警視庁に連行され、ただちに身柄を市ケ谷監獄に放り込まれてしまった。取調べの検事は私の寿座の演説の速記録を読み上げ、

「このように騒擾を扇動しておる。これは明らかに治安を害するものだ――」

「検事さん、私は決して扇動などしていない。その証拠に速記には『――その意気を抱け』といっているだけで『そうせよ』とは演説していませんよ」

「いや。本心は扇動のつもりなのだろう」

検事とのいい合いも甲斐もなく、ついに治安維持法第九条違反で禁固三ヵ月の判決をうけてしまった。もちろん、ただちに控訴した。保釈になってから、政友会にいた弁護士でのちに鹿児島から立候補、鉄道政務次官になった蔵園三四郎氏に「オレの弁護を頼む」といっておいて、関西方面に私は出かけた。二、三週間、各地を歩いて東京に戻ってみると、一通の令状が来ている。「治安維持法違反によって三ヵ月の禁固に処す」との拘禁状なのだ。控訴を頼んでおいたのに、変だなと思いながら蔵園のところへ行くと「あっ、すっかり忘れていた。すまん、すまん」。忘れられたこちらは、えらいことになった。

仕方がないので、伊藤政重という院外団にいる弁護士のところへ相談に行った。彼は私から一部始終を聞いたのち、格別困ったような顔もしないで「大野君、十一月十五日は御大典だ。いまは九月だからあと三ヵ月間どこかに逃げていれば、どうせ政治犯は大赦となる。逃げ場がなければ、わしの地盤の山梨県の塩山温泉なら絶対に、世間にわからない。お世話しよう」といった。

伊藤さんの厚意はうれしかったが、ここで逃げれば大野伴睦の一生の名おれ。辞退をすると「それでは今夜は君の壮行会を開こう」。二人はそのまま神楽坂の「もも川」に車を飛ばし、飲めや歌えの騒ぎと相成った。

翌朝、目が覚めて監獄入りの仕度をしていると、伊藤さんが、朝早くから行かなくてもいい、一ぱい飲んでからにしろと、引止める。「それも、そうだな」と外出の仕度の手をやすめ「おい、酒をもって来い」。飲み出す。その日もついに酔いつぶれ、監獄へ入ったのは三日目の夕方だった。

獄中での生活は「退屈」の二字につきた。本を十五冊ほど持ち込んだが、たちまち読んでしまった。禁固刑なので、独房のなかにポツンとしているだけ。することがないから、紙こよりを習いはじめた。生まれつき不器用者で、田舎に生まれたくせにワラジもなえない私が、こよりを覚えたのだから、いかに退屈だったか想像できよう。

前もって大赦のことは知っていたが、十一月十五日になると、うれしくて朝から看守が来るのが待ちどおしかった。十時ごろ看守が来て「お前にこよりの工賃八銭やる」といいながら、独房の鍵を開けてくれた。四十日間の汗の結晶が八銭とはなさけなかったが、シャバに出られると思うと、うれしさにぞくぞくした。

教戒堂の大広間では、七百人余りの赤い着物をきた既決囚がずらりと正座していた。正面には阿弥陀様が祀ってあり、お供物まである。「改心懺悔」の額が壁にかかっている。

やがて木名瀬という典獄が、看守を引きつれ正装でやってきた。彼は開口一番、大声で「汝ら非国民、よく聞け――」。いかに、大正時代でも、これにはびっくりした。今日だったら大問題だろうが、彼らにとって監獄にくるものは、すべて非国民なのだろう。

「――天皇陛下の御恩は海よりも深く、山よりも高い。有難いおぼしめしだぞ。今日は勅令をご発表になった。汝らも、うすうす知っているだろうが、今日は今上陛下が京都紫宸殿において、高御くらにおつきになる日である。これから勲功のあった方に叙勲と叙爵のご沙汰があるだろうが、まず最初に汝らに大赦令を発布された――」

「ウォー」。叫び声にも似た歓声が、場内にはね返った。囚人の喜びの声なのだ。死刑囚は無期徒刑、無期は十五年以下と、減刑の内容を次々と発表していく。囚人たちはおいおい声をたてて泣きはじめる。獰猛な殺人犯も、前科何犯の泥棒君も七百人からの囚人全部が号泣するのだから、異様な情景といえる。これをみて私は考えた。人の性は善か悪か、孔孟の時代から論議されつくしてきたことだが、今日の有様を目撃した人は「性は善なり」を信じるだろうと……。

発表が終って独房にもどると、さつま汁にミカンと紅白のもちがだされた。平常はボソボソの麦飯に、ひじきみたいなものばかりなので大へんなご馳走だ。

食事が終ったころ、再び看守がやって来た。「大野、出獄だ」。廊下に出た私は看守の持ってきた着物に着かえ、戒護主任のところへ行った。「出獄後は日本人として恥しくない人間になれ――」。

なんといわれようが、出獄すればこっちのものと、主任のお説教もきき流して、ただ「ハイ、ハイ」の連発。次に典獄にあいさつして監獄の門を出ることになったが、ここで私は、えらく神妙な決心をしてしまった。当分の間、酒、タバコ、女を止めてみようというのだ。どれだけ続くかわからぬが、独房にしゃがんでいる苦労を考えれば、なんでもない――これが決心の理由だった。

監獄の外に一歩ふみ出すと、そこには「憂国の志士大野伴睦万歳」のノボリがならんでいる。院外団の連中が大勢でむかえに来ていたのだ。「ご苦労、ご苦労」の声とともに、仲間が次々に私に握手を求める。そのうちの一人、大野重治がタバコをつき出し「ご大典祝いのタバコだ。まァ一服やらんか」。禁煙はいましがた決心したばかり。断ろうと思ったが、彼にしてみれば、私の出所をねぎらうつもりだ。一瞬ためらったが「ありがとう」と手が出てしまった。誰かが「大野君の出所を祝って、乾杯だ」。監獄の前にある差し入れ屋に一同がどやどや入って、冷酒で乾杯になった。出所祝いの当人が茶わん酒を口にしないのも、一同に悪いような気がしてならない。

一口と思って口をつけると、久しく飲まない酒のこと。グッとはらわたに浸み込む、これまた格別だ。禁酒の決心はどこへやら、茶わんを持った手は「もう一ぱい」と給仕の女の子の方に突き出されていた。

すっかり酔っぱらって意気揚々、宿舎の松本亭にもどった。そこには自由党の機関紙、自由通信社の会合が開かれていた。早速、大野君のお祝いをやろうと、ここでも大へんなご馳走と酒でもてなされてしまった。

宴まさに終ろうとするころ社長の古屋新吉君が立って「監獄では、さぞかし女に不自由したろう。今夜はひとつくり込むか……」というわけで一同、松本亭から洲崎遊廓へ。どんちゃん騒ぎをやって翌日はふつか酔いで昼近くまで頭が上がらずかたわらに寝ている遊女の顔を眺めて、溜息をついた。

出獄寸前、あれほど決心した禁酒、禁煙、禁欲はこのように一朝にして崩れ去った。なんとこの俺は意志が弱い男だろう――。もっとも俺も悪いが「この娑婆にはサタン（悪魔）が多すぎる」。

勝手ないいわけを考え、その日から再び酒のみの伴睦で満足することにした。

監獄数え歌

市ケ谷監獄での生活は、はじめのうちは国家憲政の犠牲者気どりだったが、退屈なのにはほとほと参った。維新の志士も獄中ではさぞ無聊をかこったことだろうと、実感をもって理解できた。獄中で詩や和歌が生まれるわけだ。

私もどうせ天下国家のことで罪を問われ獄中にいるからには、せめて歌のひとつぐらい作っておきたいと、いろいろ作ったが会心の作はなかった。わずかに「監獄数え歌」があるくらい。ここに披露すると、

一つとや　人々一度は市ヶ谷の　監獄の馬車にも乗れよかし
二つとや　二晩三晩は夢うつつ　慣るれば夜舟の高いびき
三つとや　みかんの三袋楽しみに　差し入れ待つ間の日の長さ
四つとや　用意の号令で床につく　これが地獄の極楽じゃ
五つとや　今世をときめく政治家も　獄舎住いの昔あり
六つとや　無罪の宣告待つ間　精神修養怠るな
七つとや　などて恥じらうことやある　監獄は人生の大学じゃ
八つとや　役人いばるな、これ看守　われは陛下の赤子なり
九つとや　これも国のため党のため　もっそう飯もいとやせぬ
十とや　豆腐屋のラッパに暮れていく　雨の監獄ものわびし

娑婆にいる友人に「わが心境」と、葉書にこの歌を書いて送ったり、獄中で独りでうたったりしていた。

このころ「どんどん節」というのが流行していた。〽かごで行くのはお軽じゃないか

わたしゃ売られてゆくわいな……という例の歌だ。これをもじって、

〽馬車で行くのは
大野じゃないか
ぼくは監獄へ行くわいな
人に誇りし天下の浪人
国のためならときどきは
焼き討ちやったり
やられたり　どんどん

大声で唱っていると、独房の前を通りかかった看守がこれを聞きとがめ「不都合千万な歌を唱っている。典獄に上申する」とぶつぶつ怒っている。二、三日すると「典獄、面会」の声で、木名瀬典獄のところへ連れていかれた。

「君は歌をつくったそうだが、どんな歌か聞かせてくれ」

まず「監獄数え歌」をうたうと「なかなか獄中の実感がよくでている」。典獄がほめるので、得意になって「どんどん節」もうたった。すると急に彼は不愉快な表情になり、

「君は憂国の志士を以って任じているのだろう。天下の志士なら、それなりの歌があるはずだ。焼き討ちをやったり、やられたりとはなにごとだ。治安を攪乱するようなことを歌

にするのは不謹慎だ」

こちらは退屈しのぎに作ったのだ。なにも目くじらたてて怒るほどのことはあるまいと面白くない。

「典獄さん、それでは一体どんなのが志士らしい歌なんです？　教えてくれませんか」

典獄は待っていたとばかり、

身はたとえ武蔵の野辺に朽ちぬとも
　とどめおかまし大和魂

吉田松陰の作を示して、これこそ天下の志士たるものの範とすべきだという。

「それでは私も即興で、志士らしい歌を作りましょう。こんなのはどうです」

国のため国のためにとはからずも
　われは犯せり国のおきてを

いままで不機嫌だった典獄は、手を打って感心。半紙をとり出し書いてくれという変り方。よほど気にいったらしい。そのためか、「獄中でなにが欲しい」ときく。

「どうせ囚人の身で諦めているから、酒も女も欲しいとは思わない。が、せめて一日に二、三本のタバコが吸いたい」

「どの囚人でも、みながそういうよ。タバコは禁制だからな。なにかほかのものなら——」

こういいながら、典獄はポケットからタバコを出し、一本つけていたが、「ちょっと便所に行ってくる」とタバコを私の前に置いたまままいなくなってしまった。

この間にタバコを吸えとの暗示だな――こう察した私は、目の前のタバコを二、三本たてつづけに吸ってしまった。そのうまかったこと――。

便所からもどった典獄は、部屋一ぱいに立ちこめたタバコの煙をみて、何もいわずににやにやしていた。

それからというものは、午前と午後の二回。毎日のように「典獄、面会」の声がかかる。用件はなにもないのだ。典獄の部屋にタバコがおいてあり、私に吸わせようとの配慮なのだ。この心づかいはうれしかった。

出獄後、数年して典獄の病死をきいたが、五円の香奠をもって弔問に行った。神田の松本亭時代の五円は私には大金だったが、そうせずにはいられなかった。

木名瀬典獄の印象はいまでも強く残っており、昭電事件で拘留されたときも彼を思い出して、ひそかに冥福を祈ったものである。

獄中の私に親切にしてくれた男に、もう一人、警視庁の渋田健蔵という刑事がいた。

五月二十七日の海軍記念日のこと。差し入れもなく独房でぽつんとしていると、看守がやってきてガチャリと鍵を開けた。

「大野、出て来い」の声に、なにごとだろうと廊下へ出ると、看守は胸の番号をやにわにはずし、「お前の好きな着物にかえろ。今日は外出させる。警視庁がお前をほかのことで調べたいから、身柄を一日だけかせというのだ」。

これは有難いと、仕度をして刑事の待っている部屋にいくと、顔見知りの渋田刑事がにこにこ笑いながら小声で「今日は大した用事はない。君にうまいものでも食わせようと思ってね」。

当時、青山にあった徳富蘇峰邸を壮士風の男が襲った事件があった。徳富さんをステッキでなぐって逃げてしまった。犯人逮捕の手がかりに、すててあったステッキを心当りの者に見せ「誰のもの」といわせようというのだ。それだけのことなら、なにも警視庁に連行しなくても、すむことだ。そこは渋田刑事のはからいで、型どおりステッキをみると「おい、浅草へ行こう」と外へ出た。芝居をみたり、牛肉をつついたり、久しぶりにハラも一ぱいになった。その夜、市ケ谷監獄に帰ったのは、深夜になってから。看守も様子を察している。

「今日は、うまいこと遊んできたな」

「いや、どうもご明察で――」

にやにやしながら、独房のふとんにもぐり込んだ。監獄からでて何年か後のこと、家内が二男を妊娠したので、水天宮にお守札をもらいに二人で出かけた。本堂に渋田刑事がいるではないか。声をかけると「やあ、大野か。実は警視庁を辞めて久留米の有馬家の執事になった。これからもよろしく」。

水天宮は有馬家の守護神だ。お祭の日に渋田は手伝いに来ていたわけだ。家内にも紹介して、近くの料理屋にあがり大いにご馳走した。この渋田刑事は、いまも健在という。

こんな体験のせいか、獄中の人の話をきくとどうも身につまされる。三鷹事件の主犯竹内景助の家族が、気の毒な生活をしていると聞くと、同情に耐えずなにがしかを送金したことがあった。獄中の竹内から礼状をもらったが、その文面は人の親として、夫として心を打たれるものがあった。

演説会荒らし

その頃の院外団は、血気盛んの一語につきていた。党の大会で総裁にたてつく発言をする代議士がいると、飛びかかって殴ったものだ。私は代議士を殴ったことはないが、劇場の二階から飛び降りたことがある。

大隈内閣のとき駒形劇場で憲政会の演説会が開かれた。反対党のわれわれは二階に陣取って、しきりにヤジった。おりから市会議員で「ガス平」というあだ名の男が演説してい

たが、われわれのヤジに憤然として、

「二階で騒ぐものがいるが、意見があるなら堂々とここへ来て立会演説をやれ」

仲間の一人藤井達也は、この言葉尻をつかまえて「司会者、立会演説を許すのか」となり、二階を降りて舞台へ上っていった。場内騒然としているなかを、黒羽二重の紋付きに仙台平の袴をつけた藤井が、演壇に近づくとそうはさせじと、楽屋から森脇とか鈴木留吉とかいう憲政会の院外団が飛びでて、藤井と大乱闘になった。相手は数人、藤井の旗色は悪く、紋付きや袴はびりびり破かれる。

助けに行こうと立ち上ったが、場内の警官が私を押さえつけて行かせない。「藤井、いまいくぞ」とどなって、ひょいっと下をみると花道がある。瞬間「よし、飛び降りてやる」と決心。警官の手をふり切って飛び降りた。「ドターン」大きな音がしたが、体には別条ない。楽屋にひっぱり込まれた藤井を助けようと、私も夢中で楽屋にかけ込んだ。そこには藤井がいない。「藤井をどこへやった」大声でどなった。反対党の院外団が「藤井は警官が連れていったよ」とけろりとしている。久松警察署にかけつけたが釈放されたあとだった。

こんな調子で反対党の演説会に乗り込んで騒ぐのが院外団の「仕事」でもあった。そこでお互に敵の院外団が来たのを知っても、知らぬふりで、一応騒がせるのが仁義になっていた。たとえば大阪で党の演説会が開かれると、反対党の院外団も大阪へくる。目的は旅費稼ぎなので、場内騒然と新聞が書いてくれる程度に、ヤジらせてやるわけだ。警察も心得たもので、騒ぐと保護検束の名目で留置する。もちろん、演説会が終るとすぐ釈放した。私も東京中の警察で留置されぬところは、一つもないくらい保護検束されたものだ。そのかわり、留置場の中から「酒をもって来い」、「そばを喰わせろ」と勝手なことをいっていた。留置場でハラごしらえが出来たころ、演説会も終っている。「ご苦労」の声で釈放になるわけだ。

演説会を妨害して小遣銭を稼ぐほか「金取り演説会」を開くのも、院外団のひとつの「仕事」だった。院外団の連中で、政局を論じる演説会を開き、十銭か、二十銭の入場料をとる。

これが院外団員の大切なノミシロだった。渋谷の恵比寿亭でこの金取り演説会を開いたとき、私は「バルカンの真相」と題して外交論を一席ぶつことにした。午前中、慶應大学の林毅陸という先生の家を訪ね、「政友会の者だがバルカン問題について、先生のご意見をうかがいたい」、林先生が、滔々とうん蓄を傾けて論じるのを覚えておいて、檀上でその通りにしゃべった。場内の聴衆は、こういうカラクリは知らないので、なるほどといった顔付きで、私の話を聞いてくれる。いささか得意になって場内を見渡すと、当の林先生が来ている。これには驚いた。とたんに顔が赤くなり、話はしどろもどろ。話を打ち切って演壇を降りたくなったが、一人の持ち時間が大体決っている。このときくらい恥かしかったことはない。

そのころ、洲崎の遊廓から演説会の注文があった。新任の警察署長がやかましくて仕方がない。六十円の弁士料を払うから弾劾演説会を開いてくれという。四、五人の同志と会場に乗り込むと、三百人もお客がいる。満員なわけで聴衆の大半は仲居や妓夫太郎。演説の内容はデタラメでも、警察の悪口さえいえば拍手である。こんな気楽な演説はほかにはなかった。

会が終って一同、手にした六十円で洲崎一の女郎屋へ登楼した。いつも二円くらいで遊んでいる連中ばかり。六十円もあればと、芸者を呼んで一晩中どんちゃん騒ぎをしたのはよいが、翌朝、勘定書をみると百円になっている。一同しゅんとした。

その頃、洲崎に武部申策という親分がいた。関東では名の通った人で、この親分に無心しようということになり、私が代表格で訪ねて行った。親分は帷子のゆかたに白縮緬の帯をしめ、銀の延べきせるをぽんぽんやっている。昨夜の一件で金が足りないので……というと、親分はケンもほろろ。

「オレの方は小屋を借りた上に前金で弁士料も払ってある。それにもかかわらず、洲崎で遊んで足をだしたからたのむとは、なんだ」

ケンカ腰である。私も負けていなかった。

「洲崎の橋を渡れば関東一の親分がいるとかの評判で、いい気になっているようだが、若い者が遊んだ金も出せないのか。そんなケチな金はいらん。その代り洲崎にどんなことがあってもオレは知らんぞ」

精一ぱいのタンカを投げつけると、子分連中がぐるりと私を取り囲んだ。親分の命令次第で私を殴ろうというのだ。これに構わず玄関の方へ歩いていくとうしろから声がかかった。

「おい、若いの待て。貴様は面白い奴だ。洲崎のオレの家でタンカを切ったのは、お前くらいだ。男と見込んだ。金は百両もあればいいだろう」

金をくれたうえ、子分に命じて酒やビールを運ばせる。以来、この武部親分とは男同士のつき合いとなった。


「伴ちゃん、えらくなったわネ」

いつの間にか一人前の院外団員になりきって、武勇伝を発揮していたころ、貴族院の倶楽部の書記長になってくれとの話があった。当時、貴族院には政友会の出店といわれた

「交友倶楽部」があって水野錬太郎、鎌田栄吉、北里柴三郎、岡野敬次郎などの大物が名をつらねていた。書記長といっても、議会中だけが忙しく、平常は月に一、二回の会合があるだけ。事務員の二人も使い、のんびりしていた。それに原総裁からの推薦もあり「一、二年つとめる」ことで承諾した。当時私は二十七歳だった。

この話が決ったとき、仲間の大野重治、土倉宗明、藤井達也といった連中が「大野につとまるものか。貴族院はきゅうくつなところだからな」と冷笑していた。そのくせ、交友倶楽部から私をもどそうとしなかったのが、これらの仲間だった。ハラのなかでは、うるさい奴だ、貴族院に押しつけとけというつもりだったのだろう。二年の約束がなんと八年も、書記長を務めることになってしまった。

しかし、倶楽部では議員にかわいがられた。大正十一年の加藤友三郎内閣のとき、北里柴三郎男爵が「岡野文相の秘書官にならんか」という。

「ご親切は有難いのですが、酒は飲む、芸者は買う、おまけにカケごとが好きという私が、司法大臣や文部大臣の秘書官にはむきません」

「それでは鉄道大臣ではどうか。酒や芸者は鉄道ならかまわんだろう」

「それもお断りします。秘書官となれば、大臣の家庭に出入りして奥さまや坊ちゃんのご機嫌をとらねばなりません。それは私の苦手なので――」

ここで北里さんの雷が頭上に落ちた。

「書記長をいつまでやっていても、君のためにならんと思うから、いろいろ心配しているのだ。一体、君はなにになるつもりだ」

「はい政治家です」

「それなら秘書官になった方が、都合がいい」

「私の田舎は岐阜の山奥です。秘書官になっても余り効果がありません。それより市会議員になった方が……。しかし金も地盤もないので困っております」

「金ぐらいつくってやる」と北里先生は全面的な援助を約束してくれた。この話を聞いた水野錬太郎先生が「そういっても、大野には公民権がないだろう。税金を納めていないからね」と、その便法まで教えてくれた。月給百円くらいから所得税を納めることになっていたが、私はそれを怠っていた。早速、二年分一度に納税して被選挙権を得ることが出来た。

立候補の推薦者は慶應義塾の鎌田塾長、医科部長の北里先生、政友会の横田千之助、鳩山一郎というお歴々だった。とくに北里先生は私の地盤固めに毎晩芝区のお医者さんを虎ノ門の晩翠軒に集め「大野は私の身代りとして出すのだから落してくれるな」と説得してくれるほどの力の入れよう。お蔭で市会最年少者で、しかも最高点で当選した。このときの恩義に感じ、私は常にお医者さんの味方となることにしている。

この選挙運動中、事実は小説よりも奇なりの体験をした。

ある日のこと、芝の日陰町一帯の戸別訪問に出かけた。生まれて初めてフロックコートを着用、一軒ずつ「何ぶんともよろしく」と頭を下げて歩いたのだが、その中に間口二間ほどの洋服店があった。ここへも「ご免下さい」と入っていった。店先には職人がミシンを踏んでいる。帳場には、丸まげを結った婦人がソロバンを入れていた。そのご婦人、どうやらここの奥さんらしく、色っぽい美人である。

「このたび芝区から立候補する大野伴睦であります。何ぶんともよろしく」

型どおりのあいさつを終え、くるりと背を向けようとしたとき、その美人は「あッ」と小さな声をあげて、すっと立ち上り店先へ出てきた。

帰りかけた私も、なにごとかとふりむくとジッと私を見つめていた彼女、にっこりして、

「伴ちゃん、偉くなったわネ――」

そして私の肩をポンとたたいた。瞬間、ギクッとした私もすぐ思い出した。思い当るどころではない。

「おお、君だったのか。これはまた立派な奥さんになったものだなァ」

「ええ、おかげさまで。職人の一人、二人も置けるようになりました。この近くのつき合

いも、どうやら欠かすこともなくその日を送っています。伴ちゃんのため、せいぜいご近所に投票をお願いしておきますよ」

私とおかみさんとのやりとりを店の職人や案内の地元の人たちがびっくりした顔つきで、こもごも見くらべていた。

この彼女との出会いはそれより六年ほど昔、院外団鉄心会時代の私はしばしば吉原通いをした。そのときの相手が彼女というわけ、貧乏書生の私に格別親切で、帰りの電車賃まで心配してくれたものだ。

あるとき彼女から「年季が明けて明日遊廓をでるから、今晩お別れに来てくれ」と連絡があった。

出かけると、女の部屋には通さず、御内所という店の主人夫婦の部屋へ案内された。その日は私と彼女がお客で、主人夫婦がご馳走してくれた。当時の遊廓のしきたりだと女が年季を勤めあげると、女の勤めていた間の一番好きなお客を呼んで、女のために祝福してやるということだった。

彼女の部屋に一緒にもどると私は「わしと夫婦になってくれんか」と申し入れた。すると彼女は、

「あなたは将来、立派な方になってもらわなければならない。わたしと一緒になどなれる

人ではない」

「実は洋服の仕立屋さんと結婚の約束をしている」といった。

なるほど、彼女にしてみれば貧乏書生の私よりも生活力のある洋服屋を、結婚の相手に選ぶのは、人情でもある。私もあっさり「幸福を祈る」と別れた。

こんないきさつで別れてからの再会だ。お互いびっくりしたり、感無量だったりした。

その後、彼女ら夫婦の人生は順調にひらけ、神田で大きな洋服店を開くほどになっていたが、不幸にも空襲で爆死したと聞いている。

世界一周旅行へ

市会議員時代の最大の思い出は、世界一周をしたことである。大正十二年九月一日の関東大震災で、米国から寄せられた援助のお礼に翌年四月東京市会を代表して渡米することになった。永田市長の感謝状を持っていくわけで、音羽の鳩山一郎先生に渡米を相談すると、

「米国だけではもの足らんよ。思い切って欧州も歩いて来たらどうか。旅費の不足分はつくってあげる」

市会から米国までの旅費に支給されるのは七千円。それに永田市長から土産代に二千円、

都合九千円であるが、欧州も回るとなると二万円は欲しい。

「自分でできるだけ金策してみますが不足分がでたら、そのときお願いします」

こういって鳩山邸を辞去したが、筆頭にどこを訪ねようかと考えた。ふと思いついたのが、床次竹二郎さんだ。院外団時代から出入りして、懇意にしてもらっている床次先生にこの際お願いしよう。床次先生は協調会の副会長も兼ね、渋沢栄一翁が会長だった。この協調会の嘱託となって欧米の成人教育視察をすれば、二、三千円の旅費くらいでると判断した。床次邸の門をたたき、

「先生、欧米を視察したいと思うのですが、金が足りません。二、三千円あれば結構です。協調会から出してもらえませんか」

「二千、三千と君は簡単にいうが、会に金があるかどうかもわからん。調べてみよう」

かたわらの電話で協調会の総務部長に連絡すると、三千や五千の金はあるという。

「大野君、金はあるそうだ。僕からあげてもいいが一応、渋沢さんに会い、申し込んでごらんなさい。あとは僕がいいようにしてあげる」

翌朝、王子飛鳥山の広壮たる渋沢邸に円タクを走らせた。渋沢翁はすでに八十四歳の高齢だった。

「このたびわたくしは東京市の答礼使として米国に派遣されることになりました。本日は

おいとまごいに参上いたしました」

　のっけに金が欲しいといってはならない。おもむろにあいさつすると、

「それはご苦労です」と翁。

「つきましては、ついでに欧州も一巡いたしたいと思うのですが、何分にも旅費が足りません。協調会の嘱託にしていただき、若干の費用を都合願えませんでしょうか」

　金の無心には誰でも渋い顔をするものだが、渋沢翁は相変らずにこやかである。

「そうですか。協調会に旅費に当てる金が残っているか、どうか聞いてみましょう。金さえあれば、そのくらいのことでしたらお役に立ちましょう。ところで、あなたを嘱託にお願いしたら、何をご研究下さいますか」

「成人教育を勉強したいと思います」

　すげなく断わられたらそれまでと考えていた不安も、吹き飛んでしまった。おもむろに立ち上った渋沢翁は電話で床次さんを呼び出した。

「床次さんですか。どうもわざわざお呼び立て申しまして」

　渋沢翁はさすが大実業家である。言葉使いが誰にでも丁重そのもの。普通なら「床次君いるか」と呼んでもおかしくないのに偉い人は違うと、感心しながら電話の成り行きを心配していた。

電話を終えて「大野君、金はあるそうですよ。すぐ床次さんのところへ行きなさい」。

「有難うございます」

ぴょこんとお辞儀をして立ち上ると「大野君、ちょっとお待ち下さい」と渋沢翁は机に向ってなにか書いていたが、封筒に入れ、

「これはお恥かしいものだが、私の気持だから黙ってもっていって下さい」

思わぬ好意にすっかり感激した私は、さんざんお礼を述べ、外に待たせてあった円タクに飛び乗るや、渋沢翁から渡された封筒から紙片をひき出した。見ると、第一銀行振り出しの小切手で二千円とある。うれしさの余り車のなかで叫んだ。

「おい、運転手君。急いで床次邸にやってくれ」

床次さんに厚く礼をいうと「これは僕から差し上げる分だ」。さらに五千円いただいた。このほか山本達雄さんなど五、六人から三、四百円あて集め、二万三千円の外遊費が調達された。なにしろ米一升が三十銭くらいの時代。一万円もあれば世界一周が出来るというのに、二万円からの金が集まったのだ。他の代表七人と一等船室におさまり、晴の船出をした。

禁酒国で大酒宴

ニューヨークに着いて、まず困ったのは酒が飲めないこと。その頃の米国は禁酒国だ。今日まで一日たりと、晩酌を欠かしたことのない私である。出発にあたりトランクにぎっしり洋酒をつめ、夜になるとホテルの自室でこっそり飲む始末。それも日がたつにつれ飽きて、どこかのバーで一ぱいやりたくて仕方がない。米国側の歓迎団の代表が「なにかご不自由はありませんか」といってくれたのをいいことにして、

「このような大歓迎にあずかり、望外の幸せです。なるほど米国は自由の国で、日本から来た私には目を見張ることばかりですが、たったひとつ、不自由なことがあります。それは酒が飲めないことです」

先方も心得たもので「ごもっともなこと。今夜は酒の飲める店にご案内いたしましょう」。

その夜、築港視察の名目で私たち一行を乗せた船は、ハドソン河をどんどん下っていった。「一体、どこに連れていくのだろう」。一同が顔を見合せているうちに、船は海へでてしまった。

そして、船が沿岸三マイル沖の公海にでると、船室にはかくしもったウイスキーやビー

ルが運び出され船中の大宴会がくりひろげられた。国内は禁酒なので、主権のとどかない公海で痛飲という次第だ。飲ん兵衛の考えだしたチエというのだろう。

ニューヨークからさらに各都市を訪問した私たちは、ナイヤガラ瀑布の景勝に到着した。ごうごうとうなりをたてて落ちる瀑布の前には、大きな見物用の橋がかかっている。「この橋の中央から向うはカナダ領です。ご覧のように両国の国境警備の巡査が立哨しています」。案内人がこういって、指さす彼方に、なるほど監視所がある。近くまで一行とともにぞろぞろ歩いて行った私は、ひょいと茶目気をだした。

片手のボストン・バッグに忍び込ませたビールを一本ひき出し、橋の中央目がけて歩き出した。「おい、大野君。どこへ行く」。そんな声にも振り返らず、橋の中央の国境線を片足でまたいだ。

「諸君、アメリカとカナダをまたにかけてビールを飲むぞ。片足は禁酒国でないカナダにあるのだから、米国の巡査も捕えるわけにいくまい」

渡米以来、人目をしのんで酒を飲んできた一同なので、私のこの茶目ぶりにすっかりうさを晴らし、腹を抱えて大笑い。国境警備の巡査も、目をまるくしてラッパ飲みの私を眺めていた。

約四十日間の滞米日程を終えると、日本に帰る答礼使一行とわかれ、私は一行の中の友人と二人でロンドンへ渡った。ロンドンには、鳩山先生の奥さん、薫子夫人の妹のご主人阿部梧一氏が郵船ロンドン支店長代理を務めていたので、万事お世話になった。

ある夜、一流レストランでご馳走するから、黒っぽい洋服を着て来いという。やがて阿部夫妻が自動車で迎えに来たが、私の姿をみると言いにくそうに「大野さんクツの色が赤いようですが――」。

そういわれて私は赤面した。日本では余り気にしないことだが、外国は公式の宴会になると、クツの色までうるさいとか。「うっかりしていました。すぐとりかえます」。あわてて自室にかけもどったものだ。

ロンドンで赤靴の一件で見事に赤ゲットぶりを発揮した私はパリ見物にドーバー海峡を渡った。石黒敬七君に案内してもらった。そのころの石黒君は、マルセーユからパリに着いて一カ月目ぐらい。フランス語も片ことのようだった。それでも一言も知らない私にくらべ、パリでは大先輩。夜のパリの粋筋をたっぷり味わせてくれた。

パリで十分に遊んだ私は、ドイツに行ってひとつ勉強しようと思った。フランス国境を越え、エッセンにあるクルップの製鉄工場に着いた。クルップの受付で工場の見学を申し込むと、日本人の参観日は毎週決っている。指定の日に受付に出かけて驚いた。パリ出発以来、一人の日本人も見かけなかったのに、なんと二十人もの日本人が見学者控室にいるではないか。一体、彼らはどこにいたのだろうと、いぶかるほどだった。

広大な製鉄工場を一巡、昼食会に見学者たちは招待された。食後、日本人を代表してお礼を言って下さいと、みなから頼まれたが、私はドイツ語は一言も喋れない。だれがよかろうと見回したところ、女子師範のドイツ語の先生がいる。その先生が得意のドイツ語を使って謝辞を述べた。すると、クルップの専務がすっくと立ち上り、日本語で「ミナサン、ヨウコソ、イラッシャイマシタ」。

これにはドイツ語でペラペラお礼をいった先生はじめ日本人一行、目をパチクリ。その専務はさらに語を継いで「クルップ社東京支店に十年もいた。歌舞伎は大好き。待合にもよく行きました」。

それならばと、私も語り合ったが彼は新橋、柳橋の花街になかなか詳しい。いま新橋の料亭花蝶の女将のお蝶さんが、当時花月の女中さんをしていたが、クルップの専務は「お蝶さん、元気ですか」と、しきりになつかしがっていた。午後も引きつづいて工場を見たが、そのとき工場の旋盤工と通訳を介して語り合ったことは、いまでも感銘深い。

その旋盤工と私との問答は、

「大震災で東京が丸焼けになったというが、日本はずいぶん裕福な国ですね」

「どういう訳で裕福な国と思うのか」

「クルップ工場の見学日は週三回ある。各国の人がくるが、その中に日本人のいないときはない。ドイツはフランスに負けてしまったので、外国へ旅行することも節約し臥薪嘗胆、必ずや再起するつもりだ。それだのに日本人は大震災で非常な損害だと聞くが、今日も二十人の見学者がある。余裕のある証拠で、うらやましい」

私はいささか面映ゆくなった。

「いや、日本は決して金持ちではない。国運の進展のため、各国の優れた点を学ぼうと思っているのだ」

彼には納得がいかないらしく、

「それなら、なにも二十人近い人間が同じ工場へぞろぞろ来なくてもいい。専門家一人がクルップを訪ねて、工場のシステムを調べれば十分ではないか。そのデータをもとに、みなで研究すれば、ことはすむはずだ。こんなに、入れ代りやってくるのは、ムダだ」

彼はしきりに「ムダなことだ」をくり返す。このとき私は、ドイツ人の本当の姿をみせつけられた感じだった。

「うむ、恐ろしいのはドイツ魂だ」と思った。

それから三十年後、日本は東条が、ドイツはヒットラーが、同じように国家と民族を丸裸にしてしまった。戦後十五年の今日、日本も西独も立派に復興したが、日本のそれは西独の「奇跡の復興」に若干劣るところのあるのも、事実だ。その違いはどこにあるのか。思うに、三十余年前に会ったこの旋盤工の「一人でくれば間に合うはずだ」という合理精神が、戦後の私たちのどこかに欠けていたのではあるまいか。

帰国はマルセーユから船に乗り、地中海を通りインドにでて、シンガポール、香港、上海と港々に立寄り、旅行者の楽しみを味わいながら日本に着いた。マルセーユで船を待つ間、ニースからモナコの賭博場へ行って、大儲けしたのは愉快だった。

賭けごとは嫌いな方でない私も、モナコのカジノへ行ったときは、見物人気分で本気になってやる気持になれなかった。日本を出発する際、ある友人が「モナコの賭博は、ほとんど勝つ者がいないそうだ」と注意してくれたからだ。

そのうちに賭博場特有の興奮した空気に巻き込まれ、次第に私も手を出したくなっていった。ついに「一ドルぐらいなら――」と自分で自分に言いきかせ、ルーレットの前に立った。一ドルおくと、なんと三十六倍になってもどってきた。日本への土産話にもと思って一ドルを賭けたが、すぐ勝ったので私は面白くてならない。手に入った三十六ドルをそっくり、次の賭けに投じようと思ったが、十ドルだけポケットに入れることにした。これが、また当った。午後一時ごろから夜の七時まで、ぶっ続けに当って当時の金で七千円も稼いだ。

夢中になってやっていると、美人がいつの間にか私のそばにいる。気がつくと、その美人嬢しきりにウインクをする。賭博場専門の夜の姫君と判ったが、相手にすればその日の稼ぎは根こそぎ持っていかれるということなので、知らぬ顔で押し通してしまった。

帰りの船中では、この稼ぎが大いにものをいって大名旅行。おりから、ニューヨークで知り合った日本人数人も同船したので、酒をふるまって得意になったものだ。

蔣介石氏夫妻のこと

戦後の海外旅行は昭和三十二年八月、マラヤ連邦独立式典に特使として出席した公式旅行と、三十六年春の世界一周旅行がある。後者は村上勇、福田篤泰、徳安実蔵、原田憲の四代議士や山下勇秘書らが同行した。年をとったせいか、往年の赤ゲットぶりを演ずる元気はなく、その方は若い代議士諸君にゆずった。

忘れられぬのは、マラヤ式典の帰りに台湾に蔣介石総統を訪ねたときのことだ。

私はかねがね蔣総統には深い敬意を抱いている。敗戦日本に対し「暴に報いるに暴を以ってするな」と中国民衆に布告した態度は、まさに孔孟の教えそのままである。この総統の声明のおかげで、終戦当時の日本人はどのように救われたことか。私は総統に会うや開口一番、こういった。

「十年に及ぶ戦いで中国には膨大な損害をかけたのに、あなたは少しも報復措置をとらず、むしろ進んで日本人の帰国の便をはかられた。日本人として深く感謝の気持を表したい」

総統は手を横にふりながら、

「そのように丁重な謝辞を述べられては、かえって恐縮です。戦争中ならいざ知らず、いったん平和になった以上は、本国送還の便をはかるのは当り前のことです」

謙虚そのものである。

「いや、全く恐れいりました。ついては、暇をみて日本を訪問されませんか。九千万日本国民は、総統を心から歓迎することでしょう」

私の言葉に蔣総統は身をのり出すようにして、

「私も、もう一度日本を訪ねたい気持で一ぱいです。それは中国革命に力をつくした犬養木堂、頭山満両先生の墓参をしたいのです。それに、私が陸軍士官学校を卒業して初の任地だった高田市も訪れてみたいと思います」

やがて酒宴となり、二人の気持はすっかり打ちとけてしまった。

「蔣介石さん、実は今だからいえるのですが、戦争中はずいぶんあなたの悪口を言って歩いたものですよ。こうやって酒杯をとり交わすとは、全く夢のようなことです」

「そうですか、どんな悪口か教えてください」

蔣総統は興味深そうにいうので、私もいまさら話さないわけにいかなくなった。

「では、お教えしましょう。『蔣介石殺すにゃ刃ものはいらぬ。玄能いっちょうあればよい』とね」

「それはどういう意味ですか」

総統ら国府の高官たちは、けげんそう。

「蔣介石という石は玄能ひとつでつぶせる、ということです」

私の随員たちは、この言葉で総統が機嫌を損じるのではないかと、気をもんだそうだが、当の総統は大笑い。かたわらの宋美齢夫人、おかしそうに笑っていた。

宴も終りごろ、宋夫人に私は、

「水墨の絵に長じていると伺っている。今日の記念に、ぜひ一幅いただけませんか」

宋夫人は、自分の絵は未熟なもので、贈呈するには余りにお恥かしい、なにとぞごかんべん願いたいというのを、なおも熱心に頼むと、

「それならば山水か花鳥のいずれにしましょう」

「花鳥をお願いします」

宋夫人は感心したように、

「大野さん、あなたは絵については玄人ですね」

山水の絵より花鳥の方が、絵としては評価が高いものであることを思い出して、こういったのだが、先方にはいかにも絵画に通じていると受け取られたのだろう。

翌朝、総統から二人きりで会いたいという連絡があったので、官邸におもむきアジア問題についてお互いの考えを話し合った。別れるとき、総統は一幅の水墨画をとり出し、「これは家内が、あなたのために朝から描いたものです。なにとぞ、ご笑納下さい」

見ると、なかなか立派なもの。日本に持ち帰り、友人たちに見せると、いずれも「立派な作品だ」と感嘆している。

第三章　陣笠時代

公認返上、クソ喰らえ！

私が衆議院の議席を獲得したのは、三度目に立候補した時だった。初出馬は大正十三年で、小選挙区制のうえ地盤と金に不自由しない武藤嘉門氏が相手だった。一敗地にまみれ、次の選挙の昭和三年にやっと次点にまで漕ぎつけた。田中義一内閣のときで、私が三十八歳だった。

昭和五年、浜口民政党内閣のとき、三度目のチャンスが到来した。「今度こそは――」と手回しよく準備をしたが、なにより大切なものは選挙資金の調達だ。当時は五当三落といって五万円あれば当選、三万円では落選との相場があった。

友人、知人宅をかけ回り、どうにか三万円余はかき集め、あと一万円は公認料をあてにしていた。内幸町の党本部に出かけて森恪幹事長に会い、政友会公認を求めた。

すると、森幹事長の返事は冷やかだった。

「今回は現代議士の匹田鋭吉君だけを岐阜一区の公認にした。君には気の毒だが今度だけは出馬をあきらめてくれ。なにしろ民政党内閣で、内務大臣は安達謙蔵だ。猛烈な選挙干渉をするだろう。そうなれば、野党の政友会は苦戦必至だ。岐阜一区は定員三人だが、政友会から二人当選はおぼつかない。だから、いままで何回か当選している匹田君だけを公認することにした」

政党政治家を志している者が、選挙に出られないとなったら死の宣告を受けたも同様である。私は一歩も譲るわけにいかない。

「幹事長、一度敗れ、二度敗れた大野が三度目に立候補出来ないとなったら、この男がすたれる。石にかじりついても今回は出馬する。もちろん、非公認は覚悟の前――」

どなるようにいうと、幹事長も顔色を変え、はきだすように、

「それは君の勝手だ。しかし選挙に金はつきものだ。どうやってつくる気だ」

力んでみても、金が調達出来るわけでもあるまいと、いわんばかりである。私もこうなったら相手が幹事長であろうと遠慮する必要はない。

「非公認で戦う私が、どのようにして金策するか大きなお世話だ」

完全なケンカ別れである。それというのも、私と幹事長とは日ごろから余り親しくなかった。このころから鳩山直系だった私が、幹事長には気に入らないようだった。同じ院外団出身でも幹事長の子分の土倉宗明、深沢豊太郎は、私と同じように落選組なのに公認さ

れているところをみると、非公認という幹事長のハラがよめるようだった。

党本部を飛び出した私は、タクシーを拾って音羽の鳩山邸にかけ込んだ。鳩山先生は来客中だったが、私の血相を変えた態度に、

「実は大野君、党の選挙対策で今回だけは君に断念してもらうことに決り、私から君に了解を求めることになっていた。しかし、君が一生懸命に準備をしているのをみると、ついそのことを言いだせなかったのだ」

この言葉で私の怒りは幾分柔らいだ。

「先生、よくわかりました。しかし、私としては男の意地もあり、いまさら出馬を取り消すわけにいきません。落選覚悟で精一ぱい闘うだけ闘います」

「大野君の言う通りだ。思う存分あばれてこい。金の不足は幹事長や松野鶴平君に内密で送ってやる」

この言葉に私は思わず目頭が熱くなり、腹の底から闘志が湧いてきた。鳩山邸を引き下ると旅装をととのえ、岐阜市に乗り込んだ。ところが、ここで困った問題がひとつおきた。

政友会公認のつもりで早手回しに印刷させた選挙ポスターには、すべて「公認候補」と肩書がついている。このまま街頭にはったら選挙違反だ。さりとて、票集めのうえから「政友会公認」は、絶対的な力である。ついに一策を考え、小さい活字で「非」という文

字を「公認」のうえに印刷した。うっかり見たのでは「非」の字に気がつかぬが、よく見ると非公認になる寸法だ。このポスターをはったら、早速警察が問題にした。偽造ポスターだというのだが、活字の大・小は別として「非」がないわけでない。すったもんだしたが、合法的とのこちらの主張が通ってしまった。

選挙は苦しかった。用意していた三万円もたちどころに吹き飛んでしまった。背にハラは変えられず東京にいる家内に「俺のもの一切とお前の着物や指環を質屋にもっていき、三千円ほど送ってくれ」と電話で連絡した。質屋に行ったことのない家内は、トランクに着物や指環を詰め、院外団の友人に同行を頼み質屋のノレンの前に立った時は、手足がふるえたという。そうして三千円を作って送ってくれた。思えばひどい苦労をさせたものだ。

このあと、追いかけるように鳩山先生から二万円とどき、終盤戦では「大野優勢」の評判がたちはじめた。ここで気持を緩めてはなるまいと、一日中演説して歩いている私に一通の電報が舞い込んだ。「貴下を公認す　幹事長」。これこそ現金なもので、党本部では私の当選が確実とみるや、手のうらをひるがえすような身勝手さ。私は電報用紙に、こう返事を書いた。

「コウニンヘンジ　ヨウスクソクラエバ　ンボ　ク」

開票の結果は二位で当選、四十一歳のときだった。

翼賛選挙で落選

党本部の非公認を前に、とに角当選出来た私も、戦時中の翼賛選挙では完全にお手あげだった。昭和十七年四月三十日の衆議院選挙に、大政翼賛会の推薦をうけると、軍部と警察の後押しで当選できたものだった。そのかわり、軍部の手先き代議士になることが一つの条件だった。私にも、この誘いがしばしばあり「自由主義者の鳩山氏とあなたは交際しているが、それさえやめれば——」とまで、いってくるほどだった。だが、推薦を得るために恩義ある鳩山先生と手を切って、当選をはかることは私の良心が許さぬ。「大野は自力で立候補しますから、ご心配なく」ときっぱり断わったら、悪どい選挙妨害がはじまり見事に落選してしまった。

私の知っているところでは、明治二十五年二月十五日の第二回衆議院選挙の際、ときの内務大臣品川弥次郎の選挙干渉が最大のものとされているが、それにもまさる干渉がこの翼賛選挙だったと思う。

選挙区の村の小学校で大野伴睦個人演説会を開くと、村の駐在所の巡査がきて、片っ端から出席者をメモして翌日、呼びつける。「どういうわけで大野の演説を聞きにいった。彼は非国民だ。あんなものに投票してはいかん」。

これでは村の人たちがおびえて私に投票するはずがない。こんな話もあった。演説会を開くため、ある村に乗り込んでみると、三日前に送ったポスター、看板がどこにも見当らない。道端で村民にきくと、「大野先生の演説会ですって？　そんなのが開かれるのですか」。これは変だと調べていくうちに、警察が役場に送った私のポスター、立看板を没収していたので、村民は何も知らなかったのだ。

「こんな調子では票はロクにとれませんね」。選挙事務長は憤激して、こういったが、開票結果は九千票あった。一万数千票で当選出来たのだから、大成功といえよう。これほどの弾圧で、よくもこの私を支持してくれた。選挙民の声援が九千票のなかにはっきり聞えて、感激の涙で祝杯をあげた。つまり、落選はしたが胸中は最高点で当選したときのよろこびで一ぱいだったのだ。

このときの落選は敗戦で逆に私をすくってくれた。ＧＨＱからの追放令に該当することなく、ただちに政治活動が行なえたからだ。万一、このとき翼賛政治の片棒を荷っていたら、「私」も追放となり、今日の「私」とは、大分ことなった「私」が存在していただろう。

人間万事塞翁が馬との古語があるが、人生というものはなにごとも、そういうものなのだろう。

原敬首相と私

政界に身を投じて五十年。今日までいくたの政治家の言辞に接してきたが、原敬、鳩山一郎の両先生の知遇を得たことは、私の生涯で最も幸福なことであった。私は両先生から物心ともに、なみなみならぬ恩顧をうけており、現在政党の領袖として政治の第一線で多くの問題にぶつかるたびに、両先生から受けた教訓を思い出すのが常である。

私が原先生にお目にかかったのは、市ケ谷監獄を出所して間もない大正三年ごろだった。政友会の宴会が芝公園の紅葉館で開かれたので、私も院外団の一人として末席に小さくなっていた。そのうちに各人から余興がだされ、私も順番がきて「監獄数え歌」をご披露した。芸者の三味線の音に合わせ大声で歌う私が、すっかり先生の気に入ったようだった。その後の宴会でも「大野、やれ」と何回か指名を受けたものだ。

夜の宴会で私を〝みつけた〟原先生は仕事の方でも信任して、地方の大会に出張するときは必ず随行をおおせつかった。このころの院外団は総裁と口をきくのは半年か一年にいちどくらい。あとは、はるかに姿を眺めているのがやっとというのだから、私としては大変な出世であった。

そのうえ貴族院の交友倶楽部に先生自からの推薦をえたのだから、私としては面目このうえもなかった。原先生のためなら、「いつでも馬前に死す――」と本気で覚悟していたくらいだ。

芝公園内にあった党本部の院外団控室で、日暮れどきに仕事も終ると五銭、十銭を持ちより茶わん酒をくみかわしたものだが、話題はほとんど先生のこと。「今日は先生がこういわれた、こうされた」。一挙手一投足、私たちにとってはすべて美化され、神格化されていた。

そのうちに酒がなくなると、裏の総裁邸へちょいちょい、もらいに行ったものである。このときの〝大役〟はいつも私だ。「大野、先生の奥さんから酒をもらってこい。お前なら大丈夫だ」。皆からいわれ、原邸の裏口にノッソリ顔をだすと浅子夫人がいた。夫人も政治家の奥さんだ。来意はすぐ察してしまう。

「大野さん、毎日ご苦労さま。あなた方たちは党のため、主人のため命がけで働いて下さるので本当に感謝しておりますわ。お酒でしょう。そこにあるのを、なんでもお持ち下さい――」

下男にいいつけ、酒はもちろんそのころでは珍しいチーズや缶詰をいくつもくれる。ご機嫌のいいときは菩薩のようにやさしかったが、ときおりヒステリーを起しているときにぶつかると大変だ。

「大野さん、あなた方は一体、なんということです。原の馬前に死すとかいって、お酒ばかり飲んでいるではありませんか」

形勢危しとばかり、逃げだすのだった。さすがの天下の宰相も夫人のヒスには、しばしば悲鳴を上げられたようだ。政治家の夫人としては立派な方だったが、いまでもヒスを起しているときのことが思い出され、人知れず苦笑が沸くことがある。

一方、先生は司法省法律学校の生徒のときに騒動を起して退学処分をうけただけあって、若い者には理解があった。酒を飲もうが騒ごうが、一言も文句をいわれたことがない。むしろ私たちの先手を打って「酒でも飲んでいけ」といわれる方だった。

私が交友倶楽部の書記長をつとめていたときのことだ。文部大臣の中橋徳五郎が高等学校の増設案を議会に提出したが、賛否両論が激しく貴族院では難航した。当時の鉄道大臣大木達吉伯が衆議院議長官舎に立てこもり、切崩し工作をやってようやく通過の見込みが立った。おりから土曜日の夕方だった。私は大木伯爵に呼ばれ「この手紙を原総裁の腰越別荘に届けてほしい」といわれた。原先生は週末は必ず鎌倉へ行き、後年有名になった「原敬日記」を書かれるのが、常であった。車にのって早速、別荘に原先生を訪ねるとわざわざ私を座敷に通され「ご苦労だった。明日は日曜日だから今夜は江の島でゆっくり遊んできき給え」と親切な言葉。

金亀楼という待合に原邸のお客さんとして座敷までとってくれた。

「——先生、お言葉に甘えて休んでいきます」と私が礼をいうと、

「芸者を島の外から呼ぶのは野暮だ。気に入らんでも片瀬や藤沢あたりから呼んではいけないよ」

わざわざ芸者を呼ぶ「エチケット」まで教えてくれる始末だ。先方へ乗り込むと原邸の客人のお越しと下へもおかぬサービスぶり。少々こちらがくすぐったいくらいだが、肝じんの芸者が一向に現われない。さんざん待たせたあげく「今晩は」と姿をみせたのが芸者とは名ばかりの婆さんの酌婦といったご仁。こちらは内心ご不満だが「島の外から呼んではいけないよ」との先生の言葉で、仕方なくしんぼうした。あとで、先生の気の配り方と下情に通じていることに、全く敬服したものである。

党の連絡係で別荘に来た私に、これだけのいたわりの心のある先生だから、年末に党員のなかで年の瀬が越せない者には、相当の金を与えるのをつねとした。そのころの通常国会の召集は十二月二十三、四日で、開院式が二十七日だった。そして直ちに自然休会に入るのが恒例で、名ある政治家はまるで言い合わせたように「近県旅行中につき年末年始を失礼します」のはり紙を門前にはる。暮の訪客の大半は年の越せない党員のお歳暮もらいなので、こうやって逃げているのだ。

ところが原先生は腰越の別荘にもいかないで、相当の大金を用意し大みそかの夜半まで芝公園五号地の総裁邸でがんばられていた。

「政友会の領袖で東京にいるのは先生くらいのものです。なぜ腰越の別荘にお出かけにならないのですか」

私はこうたずねたことがあった。

「元旦の宮中の儀式が終ってから腰越へ行くよ。それまでは東京にいるよ」

表面はこういわれるのだが、内心は党員のなかで年が越せない者がいたら、最後は自分のところへ飛び込んでくるだろう。そのときに頼りにする総裁が東京にいなかったら――ここまで考えていた原先生なのである。

私は日ごろから先生に近づいていたせいか、このお歳暮ではずい分と甘えたもの。十二月になると待っていたように「総裁、お歳暮」。手を出すと、にこにこ笑いながら百円札一枚くれる。二十日ごろまた「総裁、お歳暮」という。

「この前に渡さなかったかな」

「いただきましたが、使ってしまいました」

にこにこ笑いながら百円札が一枚でる。最後は二十九日ごろに「総裁、今度は本当に年越しのお歳暮を――」。いやな表情ひとつされないで「今年は大野君に何回もっていかれたかな」といいながら百円札がでるという具合だ。まことに心の暖い人であった。

大正七年の十二月、築地の花谷という待合で交友倶楽部の忘年会があった。花谷は原先生の根城で、宿房みたいなものだった。そのときの顔ぶれは水野錬太郎、山本達雄、大山綱昌、中村純九郎、高橋琢也、室田義文、山之内一次といった人々だった。

先生が待合で遊ぶときの身なりは、いわゆる白足袋に五ツ紋の羽織、渋い結城の重ね衣、折目ただしい仙台袴をつけていた。順番に隠し芸を披露することになっても、先生はほとんど「僕は唄は知らんよ」といわれるのだが、この夜は芸者連にせがまれ「誰にも言ってはいかんよ」と、

わしとお前はお倉の米よ
やがて世に出てママとなる

なんでも郷里盛岡の民謡の一節だそうだが、学生時代から口にする唯一つの唄だということだった。

宴会が多いせいでもあるまいが、先生は朝寝坊との定評があった。早朝に政客や新聞記者が門をたたくのは、今も昔も変らぬ政界の〝夜討ち朝駆け〟だが、先生はどんな来客があっても起きぬけには、人に会わない。そこで朝寝坊ということになっていたのだが、実は朝寝坊でもなんでもなかった。朝、目が覚めるとその日の新聞を隅々まで読み、天下の

大勢がどのように動いているか判断されるまで、決して人に会われない。

野田大魁さんが私に、こういったことがある。

「弘法大師や日蓮上人が偉いといっても、一宗派に秀いでているだけだ。他宗のことはご存知ない。原総裁のように何でも知っている坊さんを、八宗兼学の僧というのだ」

だから、味方にはたのもしい先生も反対党にとっては手ごわい相手で、民政党のヤジには、先生の白髪をとらえ「アタマは白いが、ハラは黒い」と悪口を浴びせ、じだんだ踏むくらいであった。いくらヤジられても先生は平気なもの。他の閣僚がまごつくと所管外の事項にも助け舟を出す。

「西にレーニン、東に原敬――」の演説で有名だった永井柳太郎が、東西の文献や資料をひっさげて登壇、議会政治の発展のため直ちに普通選挙を実施せよと長講一席、エンエンと喰い下ったことがある。当時は普選実施問題で時期尚早とする政友会内閣は、世論の激しい攻撃をうけていた。

永井柳太郎の質問演説のあいだ中、居眠りをつづけていた先生は、質問が終るとパッチリ目を開けて「ここは大学の教室ではありません。普選実施は時期尚早です」とポンと突っぱねてしまった。なるほど、政治家というものは、いったん決めたことは何といわれようが、テコでも動かない信念の強さが大切だなと、傍聴してた私は痛感したものだ。

「大野君、活字がこわくて政治はやれんよ」。これは先生がときおり洩らされた言葉である。新聞にたたかれることを恐れ、人気取りだけに終始していたのでは、政治家としての所信が貫けないというのだ。この言葉、いまの私には実感をもってうなずける。年中、マスコミの見当外れの批判にたたかれる私には、ときおり先生のこの言葉が、教訓として思い出される。

ところが、大正十年十一月四日、京都の党支部大会に出席するため東京駅に行かれ、中岡良一という青年の狂刃に命を失われた。交友倶楽部の事務室にいた私は、電話で事件のあったことを知らされてかけつけたときには、すでに白布がかけてあった。よろい通しで一突き、即死だった。

この中岡青年が先生を襲った動機は、新聞で読んだ悪口を、そっくりそのまま信じ込み「けしからん首相だ」と殺意を抱いたものらしい。「活字を恐れない」といわれていた先生にとって、余りにも運命の皮肉といえよう。

先生の死去で、遺書が開封された。この遺書は毎年元旦になると、自から書き改めたもので、内容はきちょう面な先生の性格をそっくり物語っていた。

まず、墓石の寸法を定め、先祖のより大きくあってはいけない。位階勲等は一切書かず、浅子夫人の墓は自分のとなりに、一段と低くおくこと。銀行貯金のうち、個人名義のほかは党に返し、腰越の別荘は日本麦酒社長の馬越恭平さんに買ってもらえなど、微に入り細にわたったものであった。

大雑把な性格の私は、少しでも先生の真似ごとをしてみたいものと思うのだが、政治家たるもの、日常の心がけとして教訓に満ちていることである。

また先生は俳句をよくよまれた。それも晩年のことで、田村順之助代議士や角田竹冷宗匠について手ほどきを受けていた。話によると、野田大魁さんのすすめということだ。

長野市の政友会の大会に行かれるとき、私ははじめて先生の作をみた。一行が川中島にさしかかったとき、激しい夕立があった。夏のことなので、車中は暑くてたまらなかったが、この夕立ですっかり涼しくなった。先生は紙片に一句を認め「どうだ。これは句になっているかね」と私に示された。

　涼しさや川中島の雨はれて

お世辞をいっても仕方がないので「総裁、中学一年生くらいの句ですね」。この評には先生もご不満で「中学生とはひどいな」といわれた。その後、めきめき上達され十一月ごろ、郷里の盛岡に帰省されたおりに私に見せられたのに、

　ふるさとにそば打つ宵や初しぐれ

先生の古い友人たちが古河端の本邸に集って、久々の帰郷の先生にそばを打ち、故山の

味をと準備をしているとき、時雨がさっときた。秀作だと、いまでもこのときの情景を覚えている。先生もよほど自信があったとみえ「写生句としては満点だろう」といいながら、私に示された。その後、第一次世界大戦の最中に腰越に伺った私に「この句の意味がわかるか」と、

大海を前にわが家はのどかなり

西欧の天地は戦雲におおわれ、いく多の人々の命が失われているときに、日本は戦争もなく平和そのものである、全くめぐまれたのどかな時代だという先生の気持なのだ。

俳句の話をひとくさりしていると、先生が隣の部屋に席をはずされた。この間に先生の揮毫でもと、机の上を見回す。天のさずけか一枚あったので、大急ぎでふところにねじ込んだ。やがて先生がもどられたが、素知らぬふりで雑談して帰りがけに「これをいただいていきます」。

先生は笑いながら「それはニセ物だよ」。もちろん、冗談である。ご大典の年なので、それにちなみ、

悠紀主基のあがたさだめのこの朝け
おろがみまつる卜庭の神

正三位勲一等　原　敬

大切にしまっていたのだが、選挙で金が不足して手放してしまった。いまだに残念でならない。

第四章　恩讐の政界

鳩山先生との出会い

鳩山先生との出会いは、やはり院外団時代のことで、先生は二十七、八歳だった。以来、四十年に及ぶ交わりだった。先生が健康な体で総理の職にあったら、原総理につぐ偉大な民主政治家として、歴史に多くの業績を残されたことだろう。晩年、病いに倒れたのは、かえすがえすも惜しいことだった。

父和夫先生は東京市議と衆議院議員を兼ね（当時は兼職が認められた）亡くなる寸前に衆議院議長の要職につかれていた。父君の死後、そのころは小選挙区制なので立候補を志したが、被選挙権の三十歳に達しないので一応、市会議員の選挙に立った。

そのとき、私が応援に鳩山邸に行ったのが縁となった。応援というと聞えはいいが、仕事はビラはりや立看板をたてて歩いたり、ときには弁士に早変りする「なんでも屋」だった。

先生は、薫子夫人の話では気短かで怒りん坊というが、私との交わりでは十年一日のごとく、茫洋とした人柄で怒った顔をみかけることがなかった。先生とウマが合ったのも、この茫洋としたところで、夫人にいわせると、少々ご機嫌が悪くとも大野さんが来てバカ話をすると、すぐ治るのだそうだ。

先生については、いろいろな思い出があるが人柄を物語るものとして、こんな話がある。交友倶楽部の書記長で北里柴三郎男爵に面識をえたころ「鳩山という男はけしからん人物だ。こんどの選挙のときは、医師会を動員して鳩山当選を阻止するつもりだ」と北里先生はえらくご立腹である。

理由は四ツ谷信濃町の輜重隊の跡が慶應病院の敷地として払下げになったが、四ツ谷町民が病院設置の反対運動を起した。病院では商店街の繁栄にさしつかえると、いま考えると一笑に付されることが、大真面目でいわれていた。四ツ谷は鳩山先生の選挙区なので、頼まれて病院設置の反対演説をぶちにきたのが、北里先生の耳に入ったのだ。

「選挙区にものを頼まれると、議員は断わりにくいものです。それより一度、鳩山先生に会ってみませんか。決して悪い男ではありません」。若輩の私のすすめで、二人は交詢社で食事をすることになった。初対面の挨拶ののち、しかつめらしい顔をしている北里先生に向って、

「男爵、大野君から聞いたのですが、大へんなお怒りの様子。これも選挙区からの頼みご

とで断わるわけにいかないもので、ハハ……」

くったくのない態度で鳩山先生が話しかけるので、北里先生の硬ばった表情もつり込まれ笑顔に変った。かたわらで、どのような次第になるかと、内心はらはらしていた私は、鳩山先生の政治家としての財産はこれだな――と直感した。

予想通りに鳩山嫌いだった北里先生は、一時間余の会食が終ったころには笑顔で車にのられた。翌日、挨拶に北里邸を訪ねると「大野君、昨日は有難う。鳩山君は若いが、いい男だね」。すっかりご機嫌がなおっていた。

これに似た話はほかにもある。

鳩山邸の近くに田中舎身という支那浪人がいた。自から有髪の僧と称し頭山満氏と兄弟分だった。私の郷里の先輩でもあるので、出入りしたが彼は大の鳩山嫌い。

「鳩山は深窓育ちの坊ちゃんではないか。世の中の苦労も知らぬ男が政党政治家などというのは、おこがましい」。口を開けば悪口が飛びだす。

もちろん、田中舎身は先生に一度も会ったことはなく、ただ「鳩山は生意気だ」とどなり散らすだけである。私が「人の悪口をいう以上、当人に会ってからにしては――」といってもきかない。「わが輩は鳩山のところへはいかない。鳩山こそ、挨拶にくるべきだ」。

そこで私は鳩山先生のところへかけつけた。

「先生、田中舎身が挨拶に来ないと怒っております。相手がうるさい奴ですから、一度敬意を表しておいた方が、なにかにつけていいかと思います」

そこは先生のよさで虚心坦懐、あっさりしたもので、

「別に田中舎身から悪口をいわれる覚えもないし、挨拶するほどの関係もないので放っておいた。君がそういうのなら――」

かくて田中と会ったが、例の調子で「僕のことで怒っているそうですが、大野君の紹介で敬意を表したのですから、よろしく願いますよ」。これには田中もすっかりテレて「こちらこそ、よろしく」とまごついていた。

数日後、鳩山邸にいくと玄関に老酒の瓶が二本おいてある。張作霖が贈ってくれたとかで、一ぱい飲んでみるとすばらしくうまい。

「僕は飲まないから弟の秀夫に一本やったが、あと一本はどうしよう」

「田中舎身にやりなさい。きっとよろこびます」

大きな老酒の瓶を自動車に乗せ、田中邸に持ち込んだ。朝から支那浪人が集って天下国家を論じながら酒を飲む田中のことだから、大変なよろこびようである。これで、反鳩山も一ぺんにファンに早がわりしてしまった。

先生には、このような物にこだわらない人の良さがあった。人を疑うことを知らない徳

が、どこか人を惹きつける魅力となり、どんな敵も味方にしてしまう。もっとも、人の良さを利用されて長い間には、ずい分だまされもしたようだが――。

これだけ好人物の先生も、若いころ人をなぐったことがある。奥繁三郎氏が議長のときで、東京市にガス疑獄が問題となったことがある。憲政会の鈴木富士弥という代議士が質問演説で、この疑獄を問題にしたが、議席にいる先生を指差して「免かれて恥無き者がいる」といった。先生はこの事件に関係はなかったが、一、二の新聞には関係者の一人のように書きたてられていた。

この鈴木の無責任な演説に先生は非常に怒られた。元来、鈴木は鳩山邸の書生から大学までやってもらい、代議士になった男だ。こんな放言をいえる義理合ではない。本会議が終って先生が喫茶室に入ったところ、鈴木が何人かの新聞記者にとり囲まれ、得意になっている。つかつかと鈴木のもとに近づいた先生は「貴様はいまなんといった。この馬鹿野郎！」。言葉半ばで鉄拳が飛び、鈴木の眼鏡は吹ッ飛び、血がしたたった。

鈴木はかつての恩人を、泥棒呼ばわりしたうえ、先生になぐられると傷害罪で訴えると騒いだ。先生は平気なもので「訴えるなら勝手にしろ」。この騒ぎに議長の奥繁三郎さんは京都弁で「鳩山は男をあげた。議場だったら少しまずいがね――」。議員の長たる議長がなぐった鳩山先生の方をほめるのだから、この問題の大勢は決していた。奥議長のほめる理由は「古い言葉に『廟議未だに決せず、敵既に河を渡る』というのがある。敵が既に河を渡り攻撃しているのに、廟議もなにもない。なぐるより仕方がないではないか。まさに鳩山君のおかれた立場は、古語そっくりだ」。

のちにこの奥議長の言葉を聞いた先生は「適切な表現だね。僕の心境も、その通りだった」と、いわれていた。

徹底した自由主義者の先生は、戦時中軍部から手ひどく弾圧された。しかし節を曲げることなく、終始反軍的態度を押し通されたのは〝坊ちゃん育ち〟に見られないシンの強さを持っていた。ひとたび決心すると最後まで貫こうとするのが、先生の性格でもあった。近い例が日ソ交渉に於て、はっきりとそういう点がうかがえる。病軀を押してモスクワまで行かれる超人的な闘志が、どこに秘められているかと思うほど、日ごろの先生は温和そのものであった。

終戦の「八月十五日」の三日前、音羽の先生から「緊急の用件がある。すぐ来て欲しい」――との連絡があった。「何事が起きたのだろう。万一、先生の身辺にでも重大事が――」。こう感じた私は、空襲で交通途絶になった都内を徒歩で音羽の鳩山邸にたどりついた。

先生は待ちかねたように、書斎に招じたがその面持は沈痛そのもの。つぶやくように

「大へんなことになった。僕の予言通りになった。残念だが仕方がない――」。終戦の日の間もないことを、このように知らせてくれた。

かねて覚悟はしていたが、私もこれは容易ならざる事態になったと直感した。先生のすすめもあり、とりあえず岐阜に向った。地元の同志を集め、こっそりこの事態を知らせたのだ、誰一人として信用しない。当時の日本人としては無理もないことだった。一億玉砕を覚悟していた当時だから――。

ほととぎす、九天高く

運命の八月十五日から一週間ほど経って、私は満員の復員列車にのって軽井沢に鳩山先生を訪ねた。終戦後の日本の政治を、どのように収拾、再建をしたらよいのか、先生の考えをきき、お手伝いするためだった。おりから先生は祖国再建の構想を練っている最中だった。

「大野君、敗れることは判り切っていたことだが、軍部がもう少し早く目覚めていてくれたら、これほどまでに焼土とならずにすんだろうに――。これからは国民全部の力を結集することが、なによりも大切だ。国民の力、すなわち政党の力だから政党政治の復活をはかりたい」。大いに共鳴して、軽井沢を下ったが、芦田均君や星島二郎君もこのあと、相ついで先生を訪ねて政界再建を相談している。

九月になると、先生も上京。いよいよ政党結成の動きが本格化した。この辺の事情は、すでに先生の回顧録などで公にされているから、いまさら述べないが、いまふり返っても驚く位に活動したものだ。昼食すら満足に食べられない食糧事情の中を、創立事務所を丸ノ内の常盤家において、連日会合に会合をつづけて日本自由党の結成をみた。

ところが、周知のように組閣寸前、左翼の陰謀で先生は追放されてしまった。仕組まれた謀略の芝居を知った私は大いに憤慨した。先生に私淑して三十年、いまだかつてこのように怒りに燃えたことはない。謀略の臭気に満ち満ちた政界にいても立派な政治は行なえない。先生とともに「引退」しようと決心した。

すると、私に叱ったことのない先生が、このときばかりは激しい口調で「僕が追放されたといって、君が代議士を辞めるのはどういう理由か。なぜ、僕の屍を乗り越えて日本自由党のために尽そうとしないのだ」。

政党人はどんなことがあっても、党のために全力を尽すことが、何よりの責務だ。それ以外に国のために尽す方法はない。政党人に徹し切れ。僕のことなどで代議士を辞める必要はない――政党に対する激しい先生の情熱を感じたのだった。私も、この先生の意気に打たれ、思いをひるがえして日本自由党のため働くことに決心した。

だが、運命は皮肉なものである。先生自らも賛成した後継者の吉田さんと、今度は「政権を譲る、譲らない」で、激しい争いを展開するにいたった。

二十六年六月一日、音羽の鳩山邸に離れ家が落成したので、私や林讓治、岩淵辰雄、安藤正純、三木武吉、山下太郎氏らの諸君七、八人が集って昼食会を開いていた。話題は遅れている先生の追放解除のこと。どうしたわけか先生は珍しく興奮して「吉田君は、僕の追放解除を妨害している」としきりにいわれる。「まさか、先生の解除を吉田さんが妨害するようなことはありません」と、なだめるように私がいった。出席の一同は先生と同じように「たしかに妨害している。大野君の見方は甘い」。なおも私ひとりが、妨害説に反対すると「その事実がある」と、先生はしかりつけるようにいわれた。激昂そのものの先生は、この直後に倒れてしまった。

吉田さんが追放解除に妨害したか、どうかは、後日歴史が明らかにしてくれることだろうが、ともかく先生は、この当時から「吉田君が邪魔した」と信じ込んでいた。それ以後の私の苦労は、吉田・鳩山両先生の間に立って、二人の気持をほぐして政権授受を円滑に実現することだった。

それには、両人が会えば〝誤解〟は自ら氷解するものと信じ、病気が回復した二十七年六月五日、療養先の伊豆韮山から大磯の吉田さんのところへ、私が自ら案内した。足の不自由な先生が、玄関でクツを脱ごうとしていると、吉田さんが「そのままで――」の声をかけて土足のまま畳にあげた。新聞ではこれを吉田さんの「友情」と書いていた。

しかし、この吉田さんの示した「友情」も効果なく、その後二回に及ぶ吉田・鳩山会談でも、吉田不信が解けず、そのうち改進党からの誘いにのって新党運動で重光総裁と会うという。私は先生の政治家としての立場を考え、この会談をなんとか思い止まっていただこうと、二十八年九月十九日軽井沢の別荘から上京する先生を出迎えた。埼玉県の熊谷市で先生の車と出会い、音羽に着くまで車中で天下の形勢を力説これ努めたが、先生をほん意させるにいたらなかった。

音羽に車が入ると、改進党の川崎秀二、中曽根康弘君らが先生の到着遅しと、手ぐすねをひいている。この状態をみて私は考えた。古語に、忠臣は三度いさめ容れられずば臣自ら身を退くべし――と。

「事態がここまで進展しているからには、私は、何とも申し上げる術を失いました。心ならず、先生とはお別れします」

こういう私の言葉に先生は、一緒に新党に参加してくれという。

「いや、それは出来ません。先生のご恩は海山にも比すべきものがあります。私個人の感情はお言葉を待つまでもなく、お伴したいのですが、それでは政治家として世間に信を疑われます」

思わず落ちる涙をハンケチで押さえながら、音羽の坂を下ったのだ。鳩山邸の玄関で記者団に心境を問われ、とっさに「大廈の崩れんとするとき、万木もこれを支うるを得ず」と古語をもじって語ったが、この時の私の胸中の苦しさは今日なお言いつくすことのできぬものがあった。

その後、第一次鳩山内閣が二十九年十二月十日に成立したおり「大野君を閣僚にしたかった」と、しみじみ言われたそうだ。人伝てにこの言葉を聞いて感激せざるを得なかったが、残念ながら党派が違い、先生にお会いするわけにいかなかった。

保守合同が三十年十一月十五日に実現、やっと天下晴れて先生とも昔通りにお会いすることが出来た。このとき先生は「これから毎日のように君と会って、昔のように雑談しても世間が変にみないな。それが一番うれしい」。

鳩山先生とは、こういう人なのだ。

長い間のお付き合いで、先生が晩年自民党総裁を辞められるとき、また三十四年三月七日に死去されるや、党を代表して「謝辞」、「弔辞」を読ませていただいた。

弔辞の一文に私はこう書いた。

「――私は鳩山先生の知遇を得て衆議院に議席を持ち、先生とともに純粋党人として一貫しておりますが、先生の薫陶と指導がなければ、今日の大野伴睦は存在しなかったのであります。いま、先生を失うことは、慈父を失うの悲しみであり、断腸の想いであります。先生ご他界の十日ほど前にお目にかかりました。そのとき先生は、何も心配はないが、東京都知事選挙は大丈夫かなと申されました。われわれは先生の御遺志に添い餞けとするためにも、必ず都知事選挙に勝つことをお誓い申し上げます。

先生とともにあった過去を顧みれば、苦難重畳、幾山河を越えて追憶はつきるところを知りません。しかし過去は未来への踏み切り台であります。先生を失った悲しみを越え、畢生の業である自由民主党の発展のために私自身を捧げることこそ、先生に対する報恩の道であることを信じます。

ほととぎす九天高く去り行きぬ
在天の霊来たり享けよ」。

吉田首相と私

鳩山先生との三十有余年におよぶ兄事にくらべ、吉田さんとのつながりは全く予想もしないことから結ばれた。それでいて、幾多の話題や思い出が生まれるほどのお付き合いがあったのだから、人間の世界とは、面白いものである。

この吉田さんについては、戦前には面識すらもなく「外務次官吉田茂」の名前を、どこかで聞いたくらいだった。ところが昭和二十一年五月三日、組閣寸前の鳩山先生がGHQの指令で追放になり、総裁を失った日本自由党はハタと困って後継者探しに血まなこになっていた。

候補者には芦田均君らの名前も浮かんだが、いずれも帯に短し、タスキに長しという次第で決まらない。鳩山先生は追放をうけたとき、古島一雄を引っぱり出そうと考えたが「この老人をつかまえて、なにをいうのだ」と叱られるだけ。そして「吉田がいい」との古島老の言葉で、ひょっこり「吉田総理」が実現することになった。

吉田さんという人は、板垣退助先生らの自由民権派の志士竹内綱を父に、土佐の生まれで、のちに福井県の豪族吉田家の養子になった。いわば名門の出だ。そのうえ、森恪氏が外務政務次官のときの事務次官だったので、鳩山先生とも親交があった。だから、古島一雄老が「吉田君がいい」と提案したときも、先生は旧知の間柄の親しさで「吉田君なら――」と賛成したのである。

当の吉田さんは、こうした周囲の推薦とは正反対に、徹底した代議士嫌い。出馬を頼んでも、なかなか「ウン」と首をたてに振らない。以前から親しい松野鶴平氏が朝に晩に口説いて、やっとのことで承諾させた。このとき、政治資金の心配をしない。総裁の決める人事には一切、党から口出しをしない。辞任したくなったら、いつでも辞める。——との有名な三カ条の約束が、口頭で取り交わされた。今日ならこんな勝手な条件で一党の総裁を引きうけることは、考えられないが、当時のせっぱ詰った情勢では「断わられたら大変」と、一も二もなく、承諾してしまった。

かくて五月十四日の深更、総務会で吉田さんを総務会長に推薦、十六日には組閣の大命が降下した。このころ、私は内務政務次官だった。いまさら役所の仕事をしてもと、お断わりしたが、大臣が生っ粋の内務官僚の大村清一君なので、せめて政務次官に党人を置かなくてはと、鳩山先生の配慮で就任したばかりだった。

省内の各局長、課長たちからの所管事項の説明も一段落したので、今夜は就任披露宴を開こうと、大臣以下各局長や記者クラブの諸君を招き、祝宴を開いた。その最中、追放されたばかりの鳩山先生から、電話がかかってきた。「せっ角、いやがる君に内務政務次官を引き受けてもらったが、いまや河野一郎君まで追放されて、後任幹事長のことが心配になってきた。今夜八時から丸ノ内常盤家で幹部会が開かれるが、芦田君がしきりに食指を動かしている。僕は芦田君では心配だ。すまぬが君が引き受けてくれぬか」。先生としては周囲をはばかっての頼みごと。GHQや司法省に知れたら公職追放令違反で、大へんなことになる。

「承知しました」とさり気なく返事をして電話を切ると席にもどり、宴半ばにして口実をつくり自宅にもどった。このとき驚いたのは、あとを追っかけてきた新聞記者だ。自宅にもどった私をつかまえて「幹事長ですか」とズバリ図星の質問だ。「今夜の就任披露宴は、即辞任の挨拶となったよ」。その記者に、このような暗示を与えておいて、常盤家に向った。

幹事長になった私は、総裁たる吉田さんに挨拶のため荻窪の荻外荘におもむいた。吉田・大野両人の初対面だった。「私は幹事長として、総裁のご用は何でもおおせ付け下さい。必ず忠勤を励みましょう。ただ、お断わりしておきますが、私は鳩山一郎の直系ですから、総裁の子分になるわけには参りません。しかし、今日は鳩山先生が追放された以上、その後継者として総裁に出来る限り仕えるつもりです」。私の仁義が気にいったのか吉田さんは「それで結構です」といった。

この新総裁はご自身で「代議士は嫌い」というだけあって、全く政党のことを知らない。いずれ他日、天下をとろうなど考えてもみたことのない人が、運命の皮肉で総理大臣になったのだから、幹事長たる私の主な仕事は、まるで子守り役のように、ひとつひとつ説明したり、納得してもらうことだった。

幹事長として一年九カ月、二期にわたる間、一生懸命働いたが、吉田さんにとっても、よほどうれしかったのだろう、自ら秘蔵の乾隆の花瓶を私の家に持参、その労をねぎらってくれた。全く感激して花瓶のふたを開けると、達筆な吉田さんの筆で、こう書いてあった。

比花瓶得之於天津
愛歳多年随処携之
今茲所以割愛贈之
足下者欲酬党務積
日之功故也希久留
看之如我者之
　昭和戊子春三月　素淮
大野老兄先生　恵存

その後、吉田さんとは斎藤国警長官の問題で、お互に意見を異にして一時は疎遠になったが、吉田さんという人は、私に名器を贈るように、根はよく気がつく親切な人である。

広川和尚の謀略

このころ、例の広川弘禅が吉田さんにとり入って、次第に飛ぶ鳥を落す勢いとなっていた。この広川君が吉田さんにとり入るきっかけは、実は私と大久保留次郎君が、つくったようなものだ。

二十一年、私が幹事長時代にはじめて副幹事長制を実施した。この人事には、かねて党勢拡張に功労のあった山口喜久一郎、神田博の両君が適当と思い、二人に副幹事長就任の通知を出してしまった。すると、大久保君がやってきて「ぜひ、広川を入れろ」という。広川君は東京市会議員時代から知っているが、どうもちゃらんぽらんのところがあるので、高く評価していなかった。

大久保君は熱心に広川起用説を持ち出して、ちっとやそっとでは引っ込みそうもない。私が相手にしないと、彼は怒り出す始末だ。大久保君にしてみると、東京市長時代に広川君が例の調子で、大久保市政に協力したのだろう。その恩義に報いるつもりで「広川副幹事長」をなんとか実現させたいようだ。

ついに根負けして、先刻通知を出した神田君を招いて「君には副幹事長就任の知らせを出したが、急に辞退してもらわねばならなくなった。その代り政務次官に推薦するからガマンして欲しい」。ものにこだわらない神田君に無理をいって、どうやら広川副幹事長を誕生させた。

副幹事長になった広川君、こんな事情で就任したこともケロリと忘れ、まるで幹事長にでもなったかのようなふるまい。記者団にも、勝手なことを放言して歩く。ある日、吉田さんに呼ばれていってみると「広川という男を、いますぐ副幹事長から辞めさせて欲しい。あのように口の軽い男は、その任ではない」。いくら広川君が放言したといっても、任期もあることなので、その場は吉田さんをなだめて、幹事長から厳重にしかることにした。

党にもどり広川君を呼び「本日、吉田総理から君のことでひどく叱られた。以後、言動を慎しんでほしい」と叱り飛ばすと、青ざめて驚いている。吉田総理に睨まれては、天下の一大事と思ったのだろう。その後の言動をみていると、しきりに麻生一家に足繁く出入りしはじめた。十八番の〝台所作戦〟で次第に吉田さんに喰い込んでいった。この辺の芸当、まさしく広川君のお家芸で、いい悪いは別として見事な腕前だ。

その次に吉田さんに会うと、吉田さんの方から「この間は広川を辞めさせるようにいったが、タヌキみたいな顔をして面白いところもある。辞めさせないで、当分そのままにしておいたらいい」。この前の口振りはどこへやら、いかにも吉田さんらしい言い方だ。同時に、広川君の懸命な喰い込みぶりも想像されて、ひとりでおかしく感じた。

春秋の筆法でいくと、大野、大久保の副幹事長推薦が〝広川出世談〟の糸口ともいえるだろう。

しかし、広川君という男は、吉田さんの寵を一身にうけ得意の時代が到来すると、今度はあれほど副幹事長実現に骨を折ってくれた大久保君にむかって「留」とか「留公」呼ばわりをしだした。いかに自分が偉くなったからといえ、先輩や恩義ある人をつかまえ、小僧呼ばわりをするとは、人の道に反している。

天罰てきめんとか。間もなく吉田さんからも見離され、最近の選挙は落選につぐ落選。気の毒とは思うが、さりとて力をかす気持にもなれない。往年の姿にもどれないゆえんは、この辺に原因しているのではあるまいか。

こんな調子の男だから、私とも大ゲンカをしている。

二十四年一月の総選挙のとき。当時、私は根も葉もない理由で昭電事件の刑事被告人にされ、一審懲役十カ月の判決をうけて東京高裁に控訴中だった。身に覚えのない事件といっても、一応は国家の機関で有罪を宣告されている身、自粛の意味で党公認で選挙に臨まないことにした。ただ、自由党所属だけの文字は使うことにし、急いで選挙対策のため岐阜市へもどった。党の支部に顔を出すと、支部の人たちが「大野先生、ケシカラン電報が来ています」としきりに憤慨している。党本部広川幹事長からで「大野は刑事被告人ゆえ党公認に非ず」とある。相手が困っていると見てとった広川君、追討ちをかけて支部の人たちとの離間をはかり、あわよくば落選のうき目に会わそうとの算段なのだ。

これが同志として同じ党で一緒に働いている仲間のすることだろうか。そうでなくとも、選挙の際にこちらは「刑事被告人」という不利な立場にある。普通の人間の感情なら、応援したくなるところだが、広川君にかかっては「足をひっぱりたく」なるらしい。「必ず勝って広川のハナをあかしてやる」。私の選挙を手伝ってくれた人たちは、こういってがんばってくれた。私も選挙区の諸君に、こう訴えたものだ。「大野は誓っているが無実の罪に陥されているのだ。万一、二審で有罪となれば、老いたる母の待っている郷里岐阜には二度ともどって来ません。ハラ掻き切って、選挙区の皆様にお詫びする」。私自身、本当に死ぬ気でいたので、この演説は真に迫っていたのか、聴衆のなかには涙を流して聞いてくれた人もあった。

開票の結果、選挙区の諸君は私の訴えを真実と聞いてくれたのだろう。前回の選挙より多い得票で当選した。意気揚々と上京した私は、まず広川君を党本部でつかまえ「君は非情な男だな」と、皮肉をたっぷり浴びせた。

大久保君を「留公」と呼び捨てたり、私の足を引っぱったり、まさしくこの広川幹事長は「小人、玉を抱いて罪あり」の感が深かった。

相手の弱みにつけこんで、自分を有利にしようとする広川君の手口と、正反対なのは吉田さんの立派なところだ。この昭電事件のおり、私のため鳩山先生たちとともに終始、無実を弁じてくれていた。

二十九日間も小菅刑務所に留置されている間に、第二次吉田内閣の組閣が進んでいたが、吉田さんは出来上った閣員名簿を前にして「大野君にみせてから、親任式を行ないたい」。私の出所を待とうというのだ。これをみた古島老が「その気持はわかるが、私情と公事を一緒にしてはいけない」と吉田さんを説いて予定通りに、組閣を完了した。

おりから私の出所は、組閣完了の夜だった。出迎えの同志からこの話を聞いて目頭が熱くなった。小菅刑務所から荻外荘の吉田さんのもとに直行したのが、夜の十時ごろだった。吉田さんは私の顔をみるなり、

「とんだ災難だった。君の無実は信じている。必ずや近いうちに暗雲の晴れる日がくる。わたしも、それを鶴首している」

人一倍の感激居士の私のこと、

「獄中でも組閣の次第を心配しておりました。親任式も終りおめでとうございます――」

と心からのあいさつをしたものだった。

吉田さんと喧嘩

これほどまでに感激した吉田さんも、次第に政権の味を知って来ると、私との間も次第に疎遠となっていった。当初のころと違って、それなりの側近が吉田さんの周囲を固め、根が野人である私の意見が余り重んじられなくなったのが、直接の原因であった。

　その代表的なのが、斎藤国警長官罷免問題である。二十七年三月、吉田さんが斎藤国警長官のクビを切ろうとした。国内での日共の活動が盛んで、その取り締まりが手緩いと吉田さんのお気に入らないので、辞めさせようというのだ。罷免の発表される前夜の十二時ごろ帰宅すると、警視庁の海原治君（現在防衛庁防衛局長で先頃なくなった自民党同志会長海原清平君のオイでかつ養子である）が、私の家で待っている。「斎藤国警長官の問題で、先生にひと肌ぬいでいただきたい。いまや、頼る人はあなた以外にいない」。私は斎藤君がどんな人物か、それまで知らなかったが、事情を聞いてみると、海原君のいうように、この際は辞めさすべきではないと判断した。「明朝、早速吉田さんに話して上げる」と、安請合をして、その夜は海原君を帰した。

　翌朝七時半ごろ、朝食もとらないで吉田さんのもとにかけつけると、すでに来客がある。広川君と増田甲子七君だ。後日知ったことだが、このとき斎藤君の問題は最終的に決っており、私の忠告も手遅れだったのである。暫く一階で待たされ、広川君たちと入れ違いに吉田さんに会った。

「斎藤君を辞めさすことは、いかに総理でも不可能です。国警長官の任免は国家公安委員会の承諾が必要ですが、いまの公安委のメンバーは、ほとんどが社会党内閣当時任命された連中です。とすれば、総理の思うようには承諾しないでしょう」

渋い表情で私の意見を聞いていた吉田さんはポツリと、

「君、総理大臣の行なう人事に干渉しないでほしい」

「総理、決して干渉するために申し上げているのではありません。公安委員会に否決されて総理の面目にキズがつくことは、自由党のためにもなりません。党を愛するが故に、このようなことをあえて申し上げるのです。私の意見を採る採らないは、総理の自由です」

いささか声を荒くして反ばくしているうちに、私は吉田さんにイヤ気がさしてきた。側近の茶坊主どもの言うなりになっている姿が、なんとなく私には不愉快に感じられたのだ。

この問題は結局、私のいうように公安委員会からの手痛い反撃で斎藤君の辞任は実現せず、吉田さんは面目丸潰れになってしまった。

このことがあって以来吉田さんと会うのが、おっくうになった。一年ほど、そのままにしていると林、益谷君らが「吉田総理も君に会いたがっていることだし、ちょっと訪問してもらえないか」という。また当時幹事長だった増田甲子七君も熱心に「吉田訪問」をすすめる。その親切を無にしてはと、家内とともに御殿場の樺山別邸に避暑中の吉田さんを訪ねることになった。

途中、道を間違えたり、新聞記者諸君の追跡を気にしたりで、樺山別邸に着いたのは午後一時ごろ。相変らず温く迎えてくれた吉田さんは、私たち夫妻のため西洋料理をご馳走してくれた。すでに食事を終えていた吉田さんは、葉巻をくわえながらユーモラスな雑談に花を咲かせてくれた。食後、その雰囲気はどこかにふき飛び、私と吉田さんは激論十数分、一時は大ゲンカになってしまった。政治上のことで二人の意見は全く異なり、根がウソのつけない私と短気の吉田さんが歯に衣を着せず、ズバリズバリ言い合ったのだから、たまったものではない。かたわらにいた家内は相当心配したようで、家に帰るなり「あのときは、どうなるものかと、気が気でなかった」といっていた。

一年ぶりに会い、お互に腹蔵ないところをさらけ出すと、あとは気持のいいもの。夕方近くまで、再び談笑の花を咲かせて辞去した。帰りぎわ、吉田さんはジョニーウォーカー三本、葉巻一箱を土産にくれた。

吉田退陣劇の内幕

吉田さんについて、最も印象深い出来事は、総辞職前後のあわただしい政界の動きである。

私は当初からの持論として、講和会議後引退説であった。晩年に栄光への道を開くのは、この引退以外にないと主張したのだが、ついに容れられなかった。そこで二十九年の「吉田外遊」を機会に引退の花道をつくろうと、私自身がその演出をかってでた。

つまり、吉田さんの側近中の側近である池田勇人、佐藤栄作の両君を招いて、秘かに話し合った。このときの三人の意見は、吉田引退の最大のチャンスは講和会議だったが、それを逸した今日、この外遊以外に当分はない。三人のうちの誰かが、帰国途中の吉田さんをハワイまで出迎えて引退の声明文をそこでつくり、羽田帰国と同時に吉田さんの口から発表してもらう——相談はこのようにしてまとまった。

ところが、池田君が首相官邸からの国際電話で吉田さんの胸中を打診すると、なかなか意気盛んで政権担当の意欲に燃えているそうだ。そのために、吉田さんら一行がハワイに着く前日、池田、佐藤両君に連絡したが、前回の打ち合わせのときは賛成した両人、こんどは打って変ったように渋りはじめた。「考え方は賛成だが、どうも芝居がかりすぎているので——」、面をおかして引退勧告を行なうのが、はなはだ心苦しいという様子だった。

せめてこのとき、引退しておれば、あれほどまでに世論に叩かれなかったろう。惜しいことに、本当の意味の忠臣が側近にいなかった。右両君は別としても吉田さんのハナ息ばかり気にしている手合に、満ち満ちていたのだ。

私の考えも、このようにして実らなかったが、世間はいつまでも黙っていない。二十九年三月の造船疑獄を導火線に、吉田引退の火の手はみるみるうちに拡大していった。これに対し強気一点張りの吉田さんは、国会解散で臨もうとした。しかし、日本人の国民性として、ことの真偽はともかく「疑獄」という言葉を最も嫌う。ここで解散したら、選挙は社会党に有利に決っている。この際は、ぜがひでも総辞職して、解散はどこまでも阻止しようというのが、私ども同志の一致した意見だった。

一方、吉田さんは相変らず解散を主張する。ついに最後の決定を行なう大評定の臨時閣議が十二月七日、東京・目黒の公邸で朝九時から開かれた。ことが余りにも重大なので、私たち党幹部も閣議の開かれている部屋の隣りにがんばり「解散絶対反対」と、ことの成り行きを見守っていた。この部屋に入ってきた吉田さんは、一同を見渡してから私に向って、

「総務会長、誰がなんといっても解散に決めましたから――」

部屋にいた者が、余りにも強引な吉田さんの言葉にあっけにとられていると、松野鶴平氏が満面朱をそそいだように怒って、

「吉田。君はいまになって、なにをいうのか。総裁あっての党ではない。党あっての総裁であることを知らないのか。解散をすれば党は潰滅するのだぞ」

松野氏とは古いつき合いだが、彼が激怒するのを見たのは、これがはじめてである。プイと、吉田さんが二階へ上ってしまったあと、私たちは閣議をしている部屋から片っ端に閣僚を呼び出し、解散の証書に署名したら、即刻党を除名することにした。

まず、緒方副総理を呼んだ。「私は解散絶対反対である。どうしても総理が断行するなら、政界を引退して福岡に帰って百姓をする」。いかにも緒方さんらしい清潔な決意である。次の石井光次郎運輸大臣は、部屋に入ってくるなり、懐中から一通の書状をとり出し「解散するなら、辞表を提出する」と発言した。法務大臣の加藤鐐五郎君も「絶対に署名しない」という。

傑作だったのは、当時、大野派で郵政大臣だった塚田十一郎君の場合だ。塚田君は党首脳が解散絶対反対であることを、どういうわけか知らなかった。そのため、われわれ党幹部のもとに呼ばれても「ただいま解散賛成論を一席ぶっていたところです」と得意気である。一同、私と塚田君の顔を眺め渡しながら、変な顔付きである。親分たる私が叱るよりほかはない。「そんなバカなことをいうものではない」。これですっかり前後の事情がのみ込めたのだろう。「もどって発言を訂正してきます」。塚田君はあたふたと部屋に入っていった。

側近以外の閣僚はすべて解散反対であるが、池田君は「大勢が反対ならいたし方がない」と黙念と腕を組んだまま。佐藤君はいかにとみると「私は総理のアトに従います」とさめざめ、泣いている。

「泣き男など相手にしていられない。勝手にしろ」とばかり、最後の追い込みに一同が立ち上ったとき「総理は大磯へお帰りになりました」の報告があった。まことに、アッ気ない幕切れであった。新聞をはじめ世間では、ワンマン宰相のことだから党内がなんと騒ごうが「解散」とみていた。世間一般だけでなく政治の玄人まで、そう観測していた。

私のところへも、この前日、鳩山先生から電話があった。明日はどうなるかというのだ。言下に「解散は阻止されるでしょう」と返事をした。

「吉田君はいいだしたら、あとへは引かない男だ。あくまで解散するよ」

「いや、私たちが絶対に阻止してみせます。百万円の賭をしても結構です」

この賭、見事に買ったのだが、鳩山先生は民主党、私は自由党で党派が違う。金を受け取りに出向くのも気がひけていたところへ、官房長官の根本竜太郎君が、ひょっこり現われた。これはよい機会と賭の件を話すと、二、三日たたないうちに根本君が持参した。早速、大野派一同が「総辞職慰労会」と派手に飲んでしまった。

後日、鳩山先生にこのときの「お礼」を述べると「君は物ごとの見通しが確かだね。政友会の分裂のときも、君の予言が当っていた」としきりに感心していた。

昭和六年に中島飛行機製作所の中島知久平君が、軍需産業から生まれる豊富な資力を背景に政界に進出してきた。当時、政友会幹事長の森恪氏と鳩山先生は、この中島君を商工大臣前田米蔵氏のもとで、政務次官にした。前田氏といえば稀代の政界寝業師。必ずや政治資金の豊かな中島君を中心にして、党内に一派をつくること疑いない。

この人事、将来に悔いを残すこと必至と判断した私は、森恪、鳩山両氏に会って前田氏のもとに中島君をおいてはいけないと説いた。しかし、森恪氏は「そんな心配はない」と一笑に付すだけ。鳩山先生も本気になって考えてくれない。はたして前田氏は大臣の身でありながら、用件があると中島君の部屋に出かけ「中島君、この問題はどう処理したらいいだろう」と、おだてはじめた。そのあげく、中島君を擁立して鳩山先生と政友会の総裁を争う大騒動にまで、持ち込んでしまった。

「――あのとき、大野君のいうようにしていたら政友会の分裂も未然に防げたかも知れないね。政治の〝読みが深い〟というわけだな」

賭で百万円とられたことも忘れて、しきりに私の「読み」に感心する鳩山先生に、私もいささか得意だった。

ところで、吉田さんの総理辞任は、この大磯行きが意思表示になっているだけで、今日まで正式の、総辞職の挨拶は行なわれていない。画竜点睛を欠くとでもいうのか。同時に、政治家のひき所ほど難かしいものはないとの教訓を、このことは示していよう。吉田さんほどの人物ですら、この時機の判断に失敗している。私が主張したように、講和条約成立と同時に引退しておれば、いまごろは明治維新の元勲にも比すべき地位と名声に包まれていたであろうに――。

余談になるが、このとき党内がいかに解散を反対したかを示す、ひとつのエピソードがある。

それは目黒の公邸で党首脳会議と臨時閣議が開かれている際、永田町の党本部では総務会を開いていた。万一、強引な解散決定が行なわれたら、その瞬間に「吉田除名」をして解散を無効にしようというのだった。党員が総裁をクビにするのだから、一種のクーデターである。こんな乱暴なことがなぜ出来るかというと、実は吉田さんが当時、党内の暴れん坊の石橋湛山、河野一郎両君をいつでも追い出せるように党規を変更させていた。党員の除名決定は党総務会の三分の二以上の出席で、そのうち三分の二以上の賛成があればよいと、簡略化してあった。吉田さんにしてみると、他人を斬るために準備した刀で自分のクビが狙われようとは――。因果はめぐる小車とかいう次第である。

ワンマンの横顔

かくて、さすがの吉田さんも四面楚歌のうちに野に下った。首相時代は「ワンマン」と呼ばれ、民主政治の敵のように悪口をいわれたものだが、今日では〝元老〟的な存在として世間から尊敬されている。ストロング・マンに対する郷愁が日本人のなかに根強く残っているとも「吉田株」が高値のゆえんかも知れない。が、その根底にあるのは、なんといっても現在の日本の復興の基礎をつくった功績にある。敗戦で焼土と化した日本をここまでもってきたのは、自由党即吉田内閣である。この点、常に野党という気の楽な立場にあって「反対、反対」と無責任な叫びを上げている社会党など、問題にならぬ実績だ。

吉田内閣のことを世間では、ひと口に官僚内閣といったが、大臣の中に官僚出身の人が多かっただけで、政治そのものは官僚を押さえる政治だった。たとえば、予算問題にしても近ごろの大臣は、官僚どもにシテやられ「これだけ予算をとってくれないと仕事にならない」といわれると、その通りに代弁しているものがいる。吉田さんのときは「ＧＨＱの命令」を一枚看板に、各方面の要求、陳情をはねのけた。ＧＨＱでは最も信頼されている吉田さんが「ＧＨＱの命令でダメだ」と突っぱねると、文句をいう方もグウの音も出なかった。

閣議をすっぽらかすことで吉田さんは、当時有名だったが、その実はなかなか閣議好きだった。各大臣の所管事項を聞きながら、さかんにお得意の皮肉やしゃれを飛ばす。まるで、ユーモアをいいにくるために閣議を主宰しているようだった。私はながながと所管事項の説明をやられるのには退屈したが、吉田さんのしゃれで、どうやら救われていた。

このほか閣議中のにが手は、回覧の書類に花押を書くことだ。閣議の最中に内閣の承認事項の書類がぐるぐる回ってくる。それを、いちいち毛筆で書くのだが面倒で仕方がない。あるときは、閣議のはじめから終りまで花押に追いまくられていたことがある。いっそ、判をペタペタ押せば万事が簡単で、花押のため閣議を開いているようなのは反対だと、何回も主張したが、これだけはついに実現しなかった。

ところで、私がしばしば受ける質問に、吉田、鳩山両首相のいずれが、戦後の宰相としてすぐれているか、ということだ。それにはいつも、こう返事している。

吉田さんが宰相時代は最も〝吉田的〟な宰相ぶりが必要だった時勢である。あの性格の強さで、多少の反対も押しまくる政治の仕方が求められていたときだ。そうでないと、あの混乱期では党内の統括も円滑にいきかねる。吉田さんの持ち味が、いい意味で最大限に発揮されたのだ。もちろん、今日ではそのまま通用さしたら、世間は承知しない。一応は相手のいい分も聞いてやり、納得いく方法で問題を処理しないと、世の中は治まっていかない。

その意味では、吉田首相の登場は最もタイミングにあったといえよう。

大臣づくり秘話

戦後十五年、政党政治の表街道を歩いてくると、さまざまな事件にぶつかる。その大半は「人」の問題である。人事あり、派閥ありで、しょせん政治は人間を相手にしたものだから「人」の問題がつねに中心となるのは当り前といってよい。評論家の中には、これを「後向きの政治」とかいって非難するが、彼らの言う「政策第一」も、人あっての政策なので、政治から人の問題を取り除こうというのは無理である。

この「人」のことで、あと味のいいのは組閣のおりの大臣づくりである。世間では代議士は大臣病患者が多すぎるというが、政治家たる者、大臣を志ざして自から抱負経綸を政治に反映させなくて、なにが本懐といえよう。私は年齢からいっても、いまさら大臣で――というほどのこともないので、もっぱら若くて夢の多い同志を一人でも多く大臣に仕立てたいと思っている。戦後の組閣では、ことあるごとに、この点をつとめてきたつもりである。なにしろ数多い候補者の中から選び出すのだから、選考途中では、ずい分と面白い話もある。その一つ、二つを紹介すると――。

山口喜久一郎君を最初に入閣させたのは私だが、吉田首相が「ウン」といわなかった。二十四年二月の第三次吉田内閣のときである。林譲治、益谷秀次両君や星島二郎君も首相に推薦したが、山口君は首相から睨まれていたので、クビをタテに振ってもらえない。その理由は山口君が山崎猛君らと一緒になって二十三年十月、芦田内閣倒閣を機に、吉田さんに渡るはずの政権を失敬して「山崎内閣実現」に奔走したというのだ。山崎内閣事件は、当時の政界でも、ちょっとした騒動だったが、その頃私は昭電事件にひっかかり小菅刑務所に拘置されていたので、山口君がどの程度に飛び回ったのか知らない。ともかく吉田さんは、このことを理由に閉門の意味で、山口君を大臣にしない。

何回か林、益谷ら党幹部に「もう一度、吉田さんに頼んでほしい」と、私がさいそくするが彼らは余り吉田さんに強いことがいえないようだ。ついに私は自分で吉田さんに話をすることにして、院内の総理大臣室に入っていった。

「総理、誰がなんといっても、山口君は党の功労者です。党勢拡張のため、全国をくまなく遊説している。この際、彼ほどの男を入閣させないとは……」

声を大にして推薦しても、吉田さんは葉巻を片手に無表情。山口の話なら受けつけないぞといわんばかりである。そこで私は説得の作戦を変えて浪花節をうなりだした。

〽強いばかりが男じゃない

義理と人情にゃ　もろくなる

効果は満点。吉田さんの硬い表情がニヤリと崩れた。この機を逸しては——と直感した私は、一段と声をはり上げ「総理、虎はオリに入れておくのが賢明の策というものです。なにも猛虎を野に放つ愚をとるには、およばないでしょう」。一国の大臣を決めるか、どうかの緊張した瀬戸ぎわに、ぴょんと飛び出した浪花節。四角張った空気が私のどら声でなごやかになり、吉田さんのご機嫌も上々となった。私の話が終ると、笑いながら短いクビを「ウン」とタテに振ってくれた。つまり浪花節入閣一席のお粗末――という次第である。

これで調子づいた私は、本多市郎君をも行政管理庁担当の国務大臣にすることを、吉田さんに認めてもらった。党切っての自由主義経済理論の大家で、党勢拡張のため山口君同様に全国を脚行した功労に報いたかったからだ。

今日の大臣選考の方法は、各派閥から何人と勢力に応じた割当てだが、吉田さんの時代は全く事情が違う。組閣着手と同時に吉田さんの頭の中に浮んだ名前が、そっくりそのまま閣僚名簿となる。一つの大臣のイスに二人ぐらい予定して、あとは私たち組閣本部の手伝い役に「この男とこの男の、どちらにしようか」と聞くだけ。つまり、参考に私たち党幹部の意見を聞くので、もっぱら「ワンマン的」製造法であった。

これは第五次吉田内閣の事。

郵政大臣に灘尾弘吉と塚田十一郎の両君が候補だと、吉田さんから提示された。当時、塚田君は私の子分だったので、この際、なんとか塚田郵政相を実現してやろうと思った。それには灘尾君には悪いが、同君を今度は引っ込めてもらうに限ると、

「総理、灘尾という人は、どのような人物ですか」

灘尾君の名前を、さも初めて耳にしたようにとぼけて質問した。吉田さんも実のところ大した面識もないようで、

「わたしもよく知らないが、内務官僚で次官までやったとか。非常にいい男だそうだ」

自信がなさそうに返事をする吉田さんをみて、これは脈があると内心ほくそ笑んだ。

「そんな人のウワサくらいで大臣を決められては困ります。党に功労でもあった人ならいざ知らず、単にいい男だけでは――。それより党の仕事もよくやった塚田君の方を、この際大臣にするべきではないでしょうか。灘尾君については、他日の候補ということにしては――」

かたわらにいる林、益谷両君が「全くその通りだ」としきりに相ヅチを打ってくれる。かくて、あっさり塚田郵政大臣が誕生した。私も同君のために力になれたと、大いに喜んでいた。

ところが、世の中には抜け目のない人は多いものだ。この決定を小耳にはさむや、電話で塚田君に「君を大臣に推薦したら、その通りに決ったよ」と手柄顔に知らせた男がいた。組閣のたびに「今度こそ大臣に――」と、ハラハラしていた塚田君は、この知らせですっかり感激。電話の主を〝恩人〟と勘違いして大臣就任のお礼参りをするほどだった。もちろん、私は終始黙っていたので、先刻の吉田さんとの一幕は知る由もない。みかねた林君

や益谷君が塚田君に「君を大臣にしたのは大野君だ。方角違いに頭を下げているね」と教えた。びっくりしたのは塚田君だ。あわてて私のところへ頭を下げにきた。

全く生き馬の目を抜くたとえのように、ちゃっかり泳ぐ連中が多いのが、昨今の政界である。選挙区でも私が橋や道路をつくるのに協力すると「あの橋は大野独りがやった仕事ではない。おれたちの尽力も忘れないでほしい」といいふらす手合も、ままあるものだ。

この電話の主の名前、書くのは当人には気の毒だが、党人上りの政治家と官僚出身のそれとが、どのように違うか知ってもらうために、あえて公表しよう。その名は佐藤栄作君なのだ。すべての官僚出身の代議士が佐藤君のようだとはいわない。池田勇人君のように総裁の器をそなえた人物もいるが、概して官僚出身は出世街道を歩くことが、第二の天性のようになっている。僅かなことでも、自分に有利な材料があれば利用することを、決して忘れない。その点、生粋の党人上りは大まかというのか、スキ間だらけというのか、目先きの勝負ではお役人さんにはかなわないようだ。

佐藤君で思い出したが、造船汚職の指揮権発動で法務大臣を棒に振った犬養健君を、三十三年六月の岸内閣の改造で、もう一度日の目をみせてやろうと河野一郎君と奔走したことがあった。ところが、どうしても岸首相が承知しない。あとで聞くと、なんと指揮権発動で政治生命を助けてもらった佐藤君が、強硬に反対したそうである。

これには私も驚いたり、怒ったりだ。恩を仇で返すとはこのことである。その昔棟梁に城普請をさせるとき、その城が期限通りに完成したら望み通りのほうびを与えると、おだてて仕事をさせる。いざ完成となると、城の秘密の絵図面を知っているので、秘密が洩れては大変と、その棟梁はバッサリ斬られる話がある。佐藤君が、ここまで考えて反対したとは思わぬが、第三者には戦国時代の故事そっくりの物語と誤解されても仕方がない。

犬養君が晩年病臥している折、私は彼を見舞った際、文藝春秋に発表した戦時中の秘話が好評なので、ついでに指揮権発動の真相も発表したらどうかと、すすめてみた。造船汚職の前後の政界の裏面は、後世の史家のためにも活字にして残しておくことは、意義のあることだ。ついでに「犬養大臣」に反対した男の本性まで世間に問うてみたまえ、いいしっぺい返しになる。冗談半分ですすめてみたら、犬養君の弁は立派だった。「私も文筆生活をしたことがあるので、メモくらいはとってある。また手記も書いてみたいと思うが、いま公表することは国家のためにならない」。

この言葉を聞いて内心感心したが、表面はさり気なく「そんな弱気だから、君は政治家としてダメなのだ。君のような男を、好漢惜しむらくは兵法を知らず——とね、昔の人はうまい言葉を残してくれたよ」。こういって笑い飛ばしたものである。

長い政治生活を送って、いく多の総理大臣の大臣づくりをみてきたが、最も水際立った組閣をしたのは、なんとしても原敬先生だった。私もときおり原先生の、組閣に臨む態度を思い出しては、自分の参考にしている。

この原先生が大正七年の組閣のときの話。内務大臣といえば、いまの副総理に当るので組閣のとき、最も関心が寄せられるポストである。元田肇さんは自分こそ内務大臣であると自負していたので、原先生に呼ばれたときは、そのつもりで組閣本部に乗り込んできた。

原先生からは「文部大臣を引受けて下さい」といい渡されて、アテが外れた元田さんは憤慨のあまり即座に断わってしまった。「そうですか」と原先生は一言いうだけで、ふか追いをしない。帰り際に未練がましく「内務大臣は誰にするのですか」。元田さんがしつこく聞くのを「それは私が考えます」というだけだった。

このとき、私は院外団で三河台の床次竹二郎邸に家の子郎党らと詰めかけていた。床次さんは元田さんに次ぐ有力な内務大臣候補だったからだ。

しかし、肝心の電話はいくら経ってもかかって来ない。他の大臣は片っ端から決っているのに、内務大臣だけが空白である。家の者一同ハラハラしているうちに、午後七時ごろ電話があり、宮中で親任式を挙行するから間に合うように出てこいというのだった。

はじめから内務大臣は床次さんと決っており、床次さんも原先生から知らされていたが、他の大臣が決るまでとぼけていたのだ。原先生が床次さんに目をかけたのが内務大臣時代。

床次さんが知事のころで、すでにそのとき天下をとった暁は内務大臣に床次をと、原先生のハラは決っていたのだ。それだけに自薦、他薦の動きに目もくれず、信念を以って手際のいい組閣をしていた。

この点、明治以来の日本の政治史上で、最大の大臣メーカーといわれている吉田さんの場合は多少、事情が違う。原先生の厳選主義の逆で、数多くつくりその中から秀れた政治家を見出していこうというようだった。だから、在任中に百人近くの大臣をつくったが、その一人、一人の人物について、ほとんどご存知なかった。単なる思い付き人事が多かったようである。

たとえば、山梨県選出の鈴木正文君を入閣させたいと、吉田さんがいいだしたことがあった。私はまだ一年生代議士でもあり、抜てきもいいが党内の順序も考えていただきたいと、思いとどまらせようとした。抜てきの理由について聞くと「予算委員会の質問が非常に上手で、皆から絶賛を受けた」からだという。演説が上手だから大臣にするのでは、大学の弁論部の猛者はすべて大臣となってしまう。私たちの反対も効果なく、鈴木大臣は誕生してしまった。

代議士は大嫌いという人が終戦とともに一党の総裁になったのだ。党内の人材には暗いのが当り前で、手当り次第にちょっと目につく人物は、片っ端から大臣にする。その代り、ダメとわかるといとも簡単にクビのすげ替えをやってしまう。鈴木君の場合は、大臣就任後にさしたる問題はなかったが、和田博雄君を農相にしたのは、明白に吉田さんのミス人事だった。

二十一年五月の第一次吉田内閣に、教授グループの東畑精一氏らに農相就任を交渉して断わられた吉田さんは、農林省農政局長だった和田君をむかえるといいだした。和田君は昭和十六年に企画院事件に連座した人で、政治思想は左翼主義者である。これには、人事に口出ししないと約束した党内も黙っていない。激しい反対の火の手が上った。私も和田君を迎えるのは適当でないと判断して、吉田さんに、

「和田君の思想は、わが党の主義主張と根本的に相容れないものがある。いかなる理由で、党内の反対を押し切ってまで農相にされるのですか」

「あなた方は、いまになって何をいうのです。総裁を引受ける条件に、わたしの行なう人事には一切注文をつけないことになっている。それを、いまごろとやかくいわれるのなら、総裁をお返しします」

激しい口調で、文句があるなら俺は辞めるというのだから、こちらはそれ以上に反対できない。「総裁がそこまで決心されるのなら――」と、私は辞去し党内の反和田派の面々をなだめて歩いた。

しかし、間もなく私たちの予感は的中した。和田君は社会党に走り、左派の一角を陣取るにいたった。「それみたことか」――こんな気持も手伝って吉田さんに、

「総理、私たちが申し上げた通りだったでしょう。和田君は社会党に走ったではありませんか」

「うん。和田君は仕方がない。彼は〝吉田学校〟の卒業生ではないからね。中途退学生だ。池田、佐藤君らのように卒業していたら、もっとまともになっていたのだが――」

さすがの私も、この返答には感心した。あなたの和田君をみる眼鏡に、狂いがありましたね――こう斬り込んだ質問に「中途退学生だから仕方がない」と、巧みに切り返す呼吸は見事なものである。

吉田さんの大臣づくりの失敗談ばかり披露したようだが、もちろんホームランに匹敵するのもある。代表的なのが池田勇人君の大蔵大臣抜てきである。これには私も幹事長として、積極的に産婆役もつとめた。

池田蔵相の誕生

池田君は二十三年三月、芦田内閣の成立で大蔵次官を辞めて二十四年一月、広島二区から政界に進出、最高点で当選した。長い官僚生活から代議士一年生になったとたん、第三

次吉田内閣が二月十七日に成立、吉田さんの指名で大蔵大臣になることになった。これは吉田さんのホームランである。

若い一年生代議士が当選早々に蔵相になるのは余り例がない。代議士会では「いかに有能の士といえ、党内の順序を無視している」と、池田蔵相就任の反対決議をしてしまった。ワンマン首相の吉田さんも、この反対には弱ったとみえて幹事長の私を呼び、

「なんとか大野君の手で代議士会をまとめてもらえないか」

「党内をまとめるのは幹事長の仕事ですから、ご要望通りにしますが、池田君を蔵相に据えるのは、どういうわけですか」

「うん。池田君は数字に明るいからね」

いかにも吉田さんらしい人事である。大蔵官僚なら、数字に明るいのは商売柄当り前の話である。それだけのことで大蔵大臣にするのは無理な話で、党内で怒るのも当然である。だが、総理の頼みごととあっては、その日から党内収拾に動き出した。

「池田蔵相」実現に飛び回っているある夜、池田君から電話がかかってきた。「これから、お宅の方へ伺いたいのですが――」。赤坂辺りの、どこか料亭かららしい。明日ではダメかといったが、家の方には迷惑をかけないと、ほどなく池田君が姿をみせた。真夜中の十二時過ぎである。応接間に入ってくる池田君をみると、魔法ビンと小さな包を手にしてい

る。「奥さまを起しては――」といいながら、池田君は魔法ビンに入れたあつ燗を湯のみに入れて、私の前に出した。手にした小包には酒の肴まで用意している。

酒好きの二人のことである。家人も寝てしまったのをいいことにして、チビチビやりながら、お互に天下国家について語り合った。私は池田蔵相反対の党内の動きや、就任後の心がまえを、ポツポツ話した。官僚上りにしては、こせこせしたところがなく「大物になるな」との評価を、このときした。すっかり話に実が入って、持参の酒を飲みつくし、今度は私がウイスキーをとりだして午前二時ごろまで、話し込んでしまった。

その後、ほどなく池田君は蔵相となり、私が評価したようにぐんぐん頭角を現わしていった。以来、池田君とは主流、反主流と政治上の立場は変っても、お互に尊敬し合う仲である。いつか林、益谷君らが「池田君は君のことを、かげでも〝大野〟とか〝大野君〟といわない。きちんと〝さん〟づけで呼んでいるよ。えらいものだ」と、しきりに感心していた。同君ならさもありなんと思った。

縁は異なもので、その後も一度、池田君を応援する機会に出会わしている。二十九年七月の第五次吉田内閣のこと。自由党三役改選で、吉田さんは幹事長に政調会長の池田君の起用を考えたが、党内に強い反対があって難航していた。

そのころ、私は北海道開発庁担当の国務大臣として、道内の天塩地方を視察していた。

担当大臣の渡道というので、報道陣の車も十数台つらなり、大規模なものであった。一行が稚内市近くさしかかると、前方の道路上に警官が片手を上げてストップを命じている。北海道まで来て交通違反でもあるまいと、笑いながら車をとめる。警官は私に東京からの連絡事項を報告した。報告は、吉田首相からで「直ちに帰京するように」との連絡である。

目前の稚内市では、すでに私たち一行の歓迎アーチまで市の入口にかかげている。気の毒だが日程をご破算にし、大急ぎで東京に引き返すことになった。稚内市から札幌市までは汽車でも十数時間かかる。おむすびを自動車にもち込んでフルスピードで走り、やっとその日の日航最終便に間に合い、羽田空港に着いた。空港には同志の村上勇、神田博君らが待ち受けていた。「一体、何ごとが起きたのかね」。空港から東京へ向う自動車のなかで、ことの詳細をきいた。「池田幹事長実現のために、先生に大臣を辞めてもらい、総務会長になって欲しいというのが、吉田首相の意向なのですが——」。翌朝、はたせるかな緒方副総理が、私の家に来て吉田さんの「意向」を伝えた。

元来、私は大臣にはいまさら未練をいう年でもない。むしろ若い同志諸君のために尽力することにしているが、このときは林、益谷両君から「一度くらいは大臣をやっておけ」と、北海道開発担当の国務大臣になったのである。学生時代から、さいはての北海道には、なんとなく夢を描いていた。多感な青年時代に、誰しもが抱く文学的感傷とでもいうものだろう。国務相に就任したとき、この若いころのことを思い出し、この際、北海道開発計画と本腰で取組んでみる気持になっていた。やっと手がけはじめた仕事を中絶するのは惜しかったが、党人の私が党に帰れといわれればこばむ必要もない、直ちに受諾した。吉田構想に支障のないように総務会長になったわけだ。

池田君のため二度まで働いたので、神さまからごほう美というわけでもあるまいが、同君と賭をして二十万円もらったことがある。

三十二年十二月の総裁公選のおり、大野派は「白さも白し、富士の白雪」と白政会を結成、中立を守っていた。岸君や石橋君は何回も高輪の私の自宅を訪れ、協力方を懇請された。白政会の中には「岸は戦犯だ」と反対の声が強く、経済評論家ぐらいに考えていた石橋君が次第に有力となり、ついに都内某所で倉石忠雄君が立会って、会見することになった。石橋君は私の顔をみるなり「第一次吉田内閣のとき、私は蔵相で、あなたは幹事長だった。いまでも、あのときのあなたの党内をまとめる手腕は、よく覚えている。なにしろ私は党内のことを全く知らない。わが方に協力してもらえるならば、総裁当選のあかつきに副総裁になっていただき、党のことは一切お任せするつもりだ。また閣僚のイスもいくつか大野派に差し上げる」。私は具体的に大臣のイスは四つ求め、蔵相には水田三喜男君の確約をとり白政会は全員で石橋支持の票を入れることになった。

投票の前夜、紀尾井町の福田屋で池田君と会った。池田君は、いうまでもなく石井光次郎君支持である。

「池田君、石井、石橋では石橋君の勝だ」

「いや、とんでもない。石井さんですよ」

「冗談ではない。石井君は百四十票以下だよ」

「では、賭けましょうか」

そして二十万円の賭となった。私の予想通り、石橋君が決戦で当選した。大野派三十数人の帰趨で石橋君が当選したのである。池田君からの二十万円で同志一同、愉快に酒をのむことが出来た。

この公選で賭は勝ったのだが、大臣のイスの方は石橋君らの裏切りで、まんまと一ぱい喰わされてしまった。石橋内閣の組閣というのに、あれほど協力した私たち白政会を除け者にしておいて、石井派支持の池田君を組閣本部に招いて勝手に大臣を決めていく。約束の水田君の大蔵大臣も、どうやら危くなってしまった。

見かねて赤坂料亭川崎から電話で、石橋君の側近の大久保留次郎君を呼び出し「話が違う」と、どなりつけた。「蔵相には池田君が決ってしまい、農相ではいけないか」の返事。そこで、通産相に水田君を押し込んで、村上郵政、神田厚生、倉石労働の三ポストも、どうやら手に入れることができた。

昭電事件の真相

二度あることは三度あるとか。戦後の政治生活中、小菅刑務所に昭和電工事件の容疑者として投獄の憂目をみている。戦前の獄中生活は、年齢も若かったし憲政を守った犠牲者と昂然たる気持で、胸を張って監獄の門をくぐったが、三度目はまことに不愉快な入獄であった。無実の罪を問われたからだ。

二十三年五月、芦田内閣は昭電疑獄に火がつき、改進党、社会党のなかから連日のように召喚者が相次いででた。自由党の私たちは対岸の火事と、せいぜい政府攻撃の材料にするぐらいで、のんびりかまえていた。

九月十七日、四国から京都に遊説に歩いた私は「昭和電工と芦田内閣」の演題で芦田内閣を批判していた。京都では小西英雄君の経営している旅館「きぬかけ」で一泊した。夜遅く小西君と酒を飲んでいると、新聞社からしきりに電話だ。

「大野さんですか。昭電事件で先生に逮捕状がだされた。東京地検の係官が今朝、京都へ向いました。ですから、そのことでお会いしたいのですが――」

「全く心当りがないね。昭電の関係者とは知己すらないのだから――」

一身上の大事件なら家の方から連絡があるはずだ。気にもしないで、そのまま電話をきって、床についた。翌朝、新聞社の知らせ通りに地検の事務官が旅館にきた。そのとき、まだ寝ていたので小西君の細君が「まだおやすみ中ですから、応接間でお待ち下さい」といい、私を起しにきた。

地検一行の訪問で起された私は、小西君と一緒に朝食をとった。応接間の一行は待ち切れないのか、食事中の私の部屋にどやどや入ってきた。「大野さん、東京地検の者だが任意同行の形式で東京まで、お帰り願いたい」。

裁判所の出した逮捕状を示した。

「今夜は岐阜まで行って演説をする予定がある。それを果してから出頭したのではいけないか」

「岐阜行きは困ります。直ちに上京して下さい」

身に覚えのない罪だ。なんらやましいこともないので、係官とともに、ひとまず京都地検によりその夜の列車で上京したのだった。

翌朝の新聞を車中でみると驚いた。どの新聞も「ふとん部屋にひそんでいた大野伴睦氏逮捕される」と大見出しで報じている。忠臣蔵の芝居よろしく、吉良上野介が納屋に隠れているのを発見されたように、面白おかしく書いてある。

これは一体、いかなるわけで根も葉もないデマを新聞が報道したのか。男をもって任じてきた私に、最大の恥辱である。燃えあがってくる怒りを抑えに抑えたものだ。後で聞いてみると「きぬかけ」の私の泊った部屋は、寝室と茶室の二間つづきの立派な居間で、地検の人たちと一緒に入って来た新聞記者が、食事中の茶室と私の寝ていた次の間とのふすま間が半開きで、片づけたふとんが積み重ねてあったのを、チラリと眺めただけで「大野はふとん部屋にいたのだな」と早合点、記事にしたものらしい。

それにしても、そそっかしい人たちである。ふとん部屋に生花などあるはずがないのに、それに気付かなかったのだろうか。当時話題をまいた「ふとん部屋事件」の真相は、ざっとこんなバカげたお笑いであった。

お笑い話は、これだけでない。河井主任検事の調べそのものが、すでに気狂いじみていた。私と河井検事のやりとりを、ここに紹介すると――。

「大野さん、昭電事件が国会で問題となったので、モミ消しを頼まれて二十万円受け取ったというが――」

「冗談じゃないよ。国会で問題になった事件のモミ消しに、二十万円くらいでことがすむと思うかね。二億円あってもモミ消せないといわれているほどだ」

「では、二十万円を重政誠之氏から受け取った覚えはないというのですか」

「重政君から二十万円受け取ったことは事実だ。その金は重政君が政界に出るというので、顔つなぎに自由党の主だった連中と食事をしたいが、自分には政界でこれといった親しい知人も少ない。すまないが大野さん、あなたが仲に入ってくれないかという。その際の料理屋の払いを、私の方で払っておいた。その代金として二十万円持参したことがある。今度の事件とは無関係の金だ」

するとと河井君は、この二十万円問題からクルリとホコ先を転じて、

「炭鉱国管問題で、あなたは数千万円の金を受け取っているハズだ。実をいうと、昭電事件の二十万円より、こちらの方を重視しているのだ――」

要するに、昭電事件に名をかりて私を拘引、炭鉱国管問題の「ドロ」を吐かせようとの、見えすいたコンタンなのだ。そのせいか、河井検事の質問もいく分とあせり気味だった。

「――炭鉱問題では相当の金が動いたようだが、それだけの金を操作するからには、どこかの銀行にあなたの口座があるでしょう。この際、思い切ってしゃべってしまったら――」

「失敬なことをいうな。大野個人には金を借りる担保もなければ、恵んでくれる人もいない。いわば、日本中の銀行は私にとっては無用の長物だ。それでもある、というのなら君たちで探してきたらいいではないか」

二、三日すると河井検事は、いとも誇らしげに、
「大野さん、あなたはどこにもないといったが、ついに見つけましたよ。これです――」

示した書類には「住友銀行日比谷支店」とあり、口座の名儀は「日本自由党幹事長大野伴睦」とある。

「このことか――幹事長ともなれば、党の会計の便宜上、私の名前を使った口座をつくりますよ。もちろん、幹事長の間だけのことで辞めた現在は使っていない。その点をもう一度調べてみてから質問してくれ――」

その後、この口座問題は一言も触れなくなった。多分、調べてみたら私のいう通りなので、具合が悪くなったのだろう。その代り、新手の攻勢をかけてきた。

「石炭協会から金をとったでしょう。動かせない証拠がある」

「身に覚えのないことだ。その証拠とやらを、拝見したいものですな」

これでもか――といわんばかりに目の前に突き出した一冊のノート。見覚えのある筆跡だ。家内の家計簿である。

「家宅捜査で入手したものですよ。どうです。思い出しましたか」

相手はさも勝ち誇ったかのように、問題のノートをぱらぱらとめくった。「日本石灰協会より二万円受け取る」と書いてある。河井検事が石炭協会云々ということが、これでや

っとのみ込めた。

私の選挙区の岐阜県の赤坂では石灰がとれて、そこには採取業者の団体「日本石灰協会」がある。お中元に二万円の金を私に持って来たのを、家内に小遣銭として渡した。几帳面な家内は、私の手から受け取った金を家計簿につけたのだが、家宅捜査のおりにこれまで検察側に押収されていたのだ。

「河井君、よく見給え、これは〝石灰協会〟であって〝石炭協会〟ではない。余りヤマをかけたことばかりいうものではない」

思わず声も荒く叱りつけたのだが、あとになってこの叱り方、われながら上手にオチをつけたものだと気がついた。「石灰」にヤマ、即ち「山」をかければ「石炭」となる。いまだに、このときを思い出すと笑いがでてしまう。

この獄中生活と、戦前二回のそれとくらべると、人の心に天地の差があることを知った。大正時代の監獄では私にタバコをこっそり吸わせた木名瀬典獄がいたり、浅草見物につれていった渋田刑事がいた。戦後の人たちには、こうした人間味のある人物が全く見当らない。時代が違うといえば、それまでのことだが、検察陣にしても人を調べるのに、はじめから罪人扱いだ。河井検事が、調べる前に「あなたは自由党幹事長時代に、石炭国管問題にからんで数千万円の収賄をしている。そのことを調べる」「そんな覚えはない」という私に「誰でも同じようなことをいう。ヒカレ者の小唄の類だ。私は必ず泥を吐かせてみせますよ」と、せせら笑っている。この暴言に腹をたてた私は、

「私は鯉は鯉でも、岐阜は長良川の清流の鯉だ。無い泥は吐きたくても吐けない」

調べたところ、私からは証拠一つ出てこない。それなら、すぐに「ご迷惑をかけた」と釈放すればよいのだが、それでは検察当局の「面子」が立たない。おかげで、二年四ヵ月も裁判がかかり、数百万円の弁護費用を使った。彼らのつまらぬ「面子」の犠牲なのだ。

二十七年一月、最高裁で無罪が確定したが、潔白が証明されたよろこびで一句つくった。

雲はれて睦月十日の天白《てん》し

全国から数千通もの祝電が寄せられ、いまさらのように私の身を心配してくれる人々の気持を知って、感激した。その電文のなかで最も私の心を打ったのは、母からのものであった。

「ウレシイウレシイハハワナイテイル」

電文を読みながら私も泣いた。

総裁公選敗戦の記

昭和三十五年七月、岸内閣が安保騒動で退陣したあとの自民党の総裁公選に、私がなぜ

出馬し、かつ党大会の間ぎわになってなぜ立候補をとりやめたか——。余り愉快な思い出ではないが、その間の事情をここに率直に書いておこう。

私はしばしば知性のない浪花節政治家だといわれる。もちろん私は東大出身高文合格の官僚あがりではないから、こまかい行政技術や経済理論は得意ではない。その意味で官学的知性には欠けている。が、私は行政知識や経済理論のみが政治家の必要資質だとは思わない。政治には六法全書や経済学書の勉強では得られない経験と判断が必要である。もとより義理とか人情とか浪花節とかが政治だというのではないが、そういう言葉で表わされる人間関係を無視し、六法全書と電子計算機で政治を処理しようとしてもできるものではない。

私は自分の政治家としての使命は、長い政界生活から得た経験をもとにして、議会政治、政党政治が軌道をはずさないように、次に保守党が分裂や内争でつぶれないように、党内をとりまとめて行き、かつ官僚政治家が往々にして持つ冷たさに対して、政治や行政に、大衆感覚を、人間的なあたたかさを注入することにあると考えている。つまり情愛の政治は、官僚政治家にはむずかしく、純粋な政党人でなければできないと考える。ただし党人とか官僚とかいっても、党人の中にも官僚的性格の人間もおり、官僚出身者にも立派な政党政治家となる人間がいるものであるが。

さて院外団あがりの私が、党幹事長、総務会長、閣僚、衆議院議長を歴任して保守合同で一役果し、党副総裁にまでなった。俗な言葉でいえば、私のような人間としては位人臣をきわめたものといえよう。今後も私の役割は、政党政治を進めて行くかげのカジ取りだと考えていた。だから党総裁、総理などにのしあがろうとは、夢にも考えていなかった。その私が、なぜ総裁公選に立候補しようとしたか、その理由は同時に失敗の理由でもあった。

昭和三十三年末から三十四年はじめにかけてのことであった。岸内閣は警職法改正法案審議の行きづまりと、会期延長の強行によって苦境に陥った。当時反主流派であった池田国務相、三木経企長官および石井派の灘尾文相の三閣僚辞任事件によって、もはや政変寸前の様相を呈した。

岸内閣は抜き打ち会期延長の強行と警職法単独審議の身構えをとったものの、警職法の廃案で野党と妥協しようとするなど、国会対策は苦境の連続であった。岸首相の方針はこのような情勢によって一貫せず、私は補佐の任に耐えずとして副総裁の地位を辞任して身を引こうとひそかに決意した。

さきに池田、三木、石井の反主流三派が閣僚引きあげをやって、今また主流派の私が副総裁をやめれば、孤立した岸、佐藤両派が一日も政権を維持できぬだろうことは、だれの目にも明らかだった。

このような政治危機に包まれた年の暮れに、私の去就について関心をもち、従来どおり主流派で協力をあおぐべく岸、佐藤両君の友人である大映社長永田雅一、北海道炭礦汽船社長萩原吉太郎および児玉誉士夫の三君を通じて協力方の懇請があった。

伊東の別荘で静養していた一月の五日、突然、岸首相から電話がかかってきた。岸君は熱海の別荘にいた。その別荘開きをするから来てくれというのだ。行ってみると河野一郎君もいた。

その席上、岸君は、

「どうか岸内閣を助けていただきたい。私は太く短く生きるつもりです。いつまでも政権に恋々としていようとは思わない。しかし今退陣したのでは、岸内閣は何ひとつしなかったといわれ、世間から笑われます。私は岸政権の歴史に残るただひとつの仕事として安保条約の改定をしたい。安保改定さえ終れば、私は直ちに退陣します。後継者としては、大野さん、あなたが一番良いと思う。私はあなたを必ず後継総理に推すつもりです……」

と、切々とした言葉で頼むのであった。私は「総理大臣になるような柄ではないし、そんな野心もない」といった。事実まったくそんな気はなかったので、別に気にもしなかった。

その後、間もなく一月九日の夜、東京でわれわれは再び会合した。日比谷の帝国ホテル新館光琳の間という部屋だったことを覚えている。岸君、私、河野一郎君に、岸君の実弟佐藤栄作君、それに岸、佐藤、河野君らの友人である永田雅一、萩原吉太郎および児玉誉士夫の三君も加わった。

岸、佐藤兄弟はこの席で再び「岸内閣を救ってくれ、そうしたら安保改定直後に退陣して必ず大野さんに政権を渡す」とくり返し、佐藤君までが、手をついて頼むのである。

しかも岸君は、口約束では信じないならばはっきり誓約書を書いておこうとまでいい、その部屋には墨筆がないので、秘書を呼んで筆・硯・墨に巻紙をとり寄せさせた。そしてまず岸君みずから筆をとり、後継者に大野君をたのむという文書をしたためた。しかも大野の次は河野、河野の次は佐藤という政権の順序まで約束したものだった。この文書には同席の七人が連署し、萩原君が北炭の金庫に保管しておくことになった。

私はこのことを少数の同志に話した。同志たちは、岸君がそれほどまでにいい、堅く約束するならば、総裁に立候補しなさいと進言してくれた。

私も政党政治家として、政権をいつまでも官僚の手に委ねておくよりは、一度は純粋な党人の手で握り、理想的な政党政治の軌道に戻したいと思うようになり、次期政権を担当するハラ構えをしようと考えるにいたった。

この帝国ホテルの会合で、私と河野君の協力をとりつけた岸・佐藤兄弟は、ようやく危機を脱することができた。

私はこの時の申し合わせに従って党内収拾に乗り出し、川島幹事長、河野総務会長の二人を退陣させて、福田幹事長、益谷総務会長、中村政調会長の新執行部を作り、三閣僚を補充入閣（石井派坂田厚相、石橋派世耕経企長官、参院佐藤派伊能防衛長官）させることで、当面の破局を回避させた。かくて岸君は一時は投げ出しかけた政権をようやく維持し、一月二十四日の第六回定期自民党大会で松村謙三氏を三二〇対一六六で破り総裁に再選することができたのである。

私はこのような〝証文〟は、おおやけにすれば、政権を私議したとの非難を受けることを知っていた。だから最後まで、こんな約束のあることを公表したりはしなかった。事実、この証文は「空手形」になったのだが、私は今この証文を反故にしたことについて、岸・佐藤両君を非難するためにこの事実を書くのではない。私が総裁に立候補するに至ったその動機を説明するためには、この事実を語らねばならなかったからである。

ところが、岸君の手形は、私に対してだけでなく、その後、池田君や石井光次郎君に対しても発行されていたのだそうである。つまり、岸君はその後、河野君を閣外に追い、かわりに池田君を入閣させて、池田君と妥協、その協力を得ようとした。そして三十四年末には吉田茂氏を立会人に、池田君に「政権は君にゆずる」との密約を結んだのだそうである。

岸君が後継総裁をゆずるという三枚目の手形は石井光次郎君にも渡された。三十五年の一月、安保全権に私が参加をことわったため、岸君はやむなく、石井君に次期政権を約束して、全権就任の受諾を得たのだともいわれている。

四枚目の手形は藤山愛一郎君に対して発行されていた。去る六月三十日、岸君に呼ばれた藤山君は「私は次期総裁に吉田茂氏が最適と思っていたが、本人にその意志がないらしい。こうなればあなたしか適任者は見当らない。ぜひ立候補するように……」。

と岸君からすすめられた。周囲の代議士連がいくら立候補をすすめてもハラがきまらなかった藤山君も、岸君のこの言葉で決意したようだ。

話は戻る。こうして次々に空手形を切ることで当面を糊塗しながらも、岸内閣は最後の難局、すなわち通常国会での安保新条約審議に入った。ところが岸君および岸派、佐藤派の諸君は、新条約成立必至とみて、安保批准後も総裁三選に出て、もう一、二年政権の座を楽しもうと考え出したらしく、三選のための裏面工作を始めた。

私は空手形乱発のウワサを耳にしながらも、男が誓約書まで書いたのだから、まさか約束をほごにすることはあるまいと、そのウワサを信じなかったのだが、三選工作が積極化するにつれ、これはおかしいと思いだした。河野一郎君は、もう我慢がならないと、公然と岸内閣を攻撃し始めた。

そこで私と川島君とが何回も相談した末、三十五年三月十五日夜、岸君と会って話を確かめようということになった。岸君はその夜、マスコミ対策として各新聞社の政治部長を四谷の福田家に招き接待しているところだったが、午後九時にこの席を中座して別室で私と会うことになった。この会談は絶対秘密にやる手はずで、実は三月十三日に帝国ホテルで行なう約束だったのだが、岸君の車がM新聞政治部記者に尾行され、まくことができなかったため、岸君は日比谷まで来たが引き返してしまい、お流れになって延期されていたものである。

最も秘密を要する会談を、事もあろうに新聞関係者招待の夜、同じ部屋の下でやろうという岸君の着想も面白かった。灯台もと暗し――といったところだ。

この席には、川島君も立会い、岸君ははっきりと、

「三選出馬など毛頭考えない。新条約批准後は退陣しバトンは大野さんに渡す」

と言明し、例の誓約書を再確認した。この話を河野君に伝え、三月十七日朝、河野君が南平台の岸邸を訪ねて、そこでも同様のことを岸君が確言した。河野君は直ちに岸内閣への協力談話を出し、反岸のホコ先を一応納めた。この時もまた私と河野君はマンマとだま

されていたことになる。

そうこうするうちに、岸内閣は、遮二無二新条約の審議強行をはかり、五十日間の会期延長をしておきながら、五月十九日夜新条約の衆議院での単独採決をやってのけた。それから未曾有の国会デモが続き、アイク訪日の中止となり、国際信用はガタ落ちとなってついにさすがの岸君も、六月二十三日の辞意表明となった。

岸内閣の退陣となると、直ちに後継内閣をつくらねばならない。私も最後のハラをきめねばならぬ。岸・佐藤両君の誓約書がだいぶ怪しくなったことは感じていたが、まさか敵に回ることはあるまいと思ったし、またこの手形を表へ出せば「政権を私議した」と世論の非難を受けるだろう。したがってこれをキメ手としようとは思わなかった。

しかも公選となれば金がいる。だが私には財界とのつながりがない。したがって金がない。しかし逆手というものがある。財界とのつながりのない私は財界のヒモツキではない。政治を行なうのに財界から制約をうけない。財界に縛られずにすむから庶民大衆のための政治ができる。それは逆に大衆の支持を得るユエンである。そうあまく考えた。

次に岸君の失政は第一に国際信用を落し、第二に国民大衆と政府与党の間に大きなミゾをつくった。そのため世情は重苦しく、治安は乱れきった。この重苦しさを払いのけ、国民と血の通った政治への道を開くことは、官僚権力主義ではだめだ。

それは政策以前の問題である。庶民とともに生きる政治感覚が必要なのである。官僚政治家のように財政上の計数や外国語は得意ではないが、不肖伴睦には大衆政治家としての五十年の経験がある。

また国際信用の回復には、今秋に予定される総選挙に勝つことである。私には総選挙で大衆の人気を湧かし、勝利するという自信もあった。

以上の点から、私は金力がなくとも、広く党内の支持を得るものと見込んで立候補したのである。

以上が私が立候補するに至った経過であり、理由である。次に何故投票間ぎわになって、立候補を辞退したかについて、その経過を簡単に書いておこう。

私は立候補の準備運動のため毎夜おそくなって帰宅しては、家人、女中たちの迷惑になると思って、国会の近くにある赤坂のホテル・ニュージャパンの六階に一室を借り、秘書の山下勇君と二人で泊りこんでいた。

明日は総裁公選という七月十二日、その夜おそく戦い終ったさっぱりした気持で床についた。何人もの同志は、徹宵でなお戦い続けているはずであったが、夜もふけ、午前二時すぎ、ようやく私の寝室は私一人になった。勝敗はもはや天運にまかすのみ……と、目を閉じて間もなく、私は同志の村上勇、水田三喜男、青木正の三君におこされたのである。

三君は疲れきった私を起すことに、だいぶ、ちゅうちょしたらしい。だが事は意外の大事だった。

青木君の報告は、同夜午前二時半、川島幹事長に呼ばれて帝国ホテルに行ってみると、石井派の灘尾弘吉君がいて、

「参議院の石井派が池田派に切りくずされ、総くずれになってしまった。決選投票になれば、二十ないし二十五票しか大野支持に回らない。これでは、お約束と違い、ご迷惑をかけるかも知れぬ」

というのだ。石井派との間には上位優先の盟約があった。私と石井君と、どちらでも第一回投票で上位を占めたほうに、決選では下位の派があげて投票するという約束だ。

前夜までの票読みで、私は百七十票をとって第一位となる確信を得ていた。一方、正確な票読みで石井君は七十票台にとどまっていた。約束どおりにゆけば、決選で私は過半数を得るはずだった。多少脱落はあっても「大野・石井連合軍」のほか、石橋派、中間派などからの散票や藤山派からの流票も予定されていた。

水田君の報告では、藤山派の票も岸（信介）君の最後の猛工作の結果、ほとんどが池田君に流れることになったというのだ。

これでは、第一回投票で一位になることはできても、決戦で勝てないことは明瞭である。

三君に続いて、やがて川島（正次郎）君も私の寝室にきた。五人で論議した結果「党人派」が勝つためには、私がおりて、私の支持票を石井君に与える以外にないということになった。私の支持票は結束が堅く、私がおりても一本になって石井（光次郎）君に集まるが、石井君が決選に残らなかった場合、石井君の支持票の大部分は大野派との盟約を破り、池田（勇人）君に投じられるという見通しだったからだ。

二倍以上の票を持ちながら、結束が堅いというゆえに、下位候補のために、その多数の票を投じ、立候補を辞退しなければならぬという矛盾した論理を私は涙をのんで承認しなければならなかった。

やがて河野（一郎）君はじめ河野派の諸君も私の呼び出しに応じてやってきた。この新事態に対し、中には「玉砕してもおりるな」と主張する者もあったが、私は「身を殺して仁をなすとき」と悟り、おりようとのハラをきめた。

私はこのとき考えた。もし私が池田君や藤山君のもとにおりたら、金で買収されたというデマもとぶだろう。しかし私と同様に金のない石井君ならそんなデマのとぶ恐れはない。そして大死一番、一身を殺して義に生きようと決意した。

何十日もの間、不眠不休で働いてきてくれた何十人もの同志の顔も次々浮んだ。また物心ともに後援していただいた人々になんとおわびしようかとも考えた。私の五十年にわたる政治生命をかけた戦いだったゆえに、長い苦闘の回想もわいた。しかしすべてを押し殺して今は次善の策、すなわち〝石井総裁〟をかちとるために、身を捨てねばならない。

公選は私の辞退で一日延期された。ところがこの延期がまた悪かったのだ。この一日の間に足並みの乱れた党人派連合軍が次々に切りくずされた。

矢折れ、弾つきて、この戦いは党人派の敗北に終った。敗北の理由は簡単にいえば、弾丸が足りなかったことだ。これ以上は、あの政争の幕切れについて、詳細を書くことは、今はさし控えたい。ただ今後公選の投票にあたって、投票者の責任を明らかにするため、記名投票とすべきだとの結論を書きそえたい。

こうして、七月十四日の党大会で、いわゆる党人派連合軍は敗北し、池田内閣が生まれた。敗れた以上は仕方がない。私にとって大切なのは、私個人の勝敗よりも、自民党の運命である。党の分裂を防ぎ、党の一本化を保つことは、保守合同を断行した私にとって至上命令である。盟友河野一郎君が、この敗戦の直後脱党して新党を結成しようと考えたときにも、私は強くそれを押しとどめ、河野君も私の忠言を聞いてくれた。

五十年にわたって、私は自分の全生命を党のために捧げて来ている。私情で晩節をけがすことはできない。政党政治家は、党のために、恩讐を越えて働かねばならぬことがあるものだ。

また私は池田君とこうして一度は総裁の椅子を争って戦ったが、個人的には池田君を憎んだわけでもなく、また私は池田君にだまされたというような経験もない。私はあの総裁選挙戦を通じて、何人かの人にだまされたが、池田君とは相互に堂々戦ったまでであり、元来池田君は正直な人物で、私とは肌合いのあう男なのである。

今日私は池田総裁の依頼と指名により、副総裁として総裁を補佐している。河野君も心機一転党のため、首相に協力している。一方、池田政権をつくるため、私との約束を反故にした佐藤君が、今では池田首相に背中をむけている。まことに政界の有為転変ははげしい。

今後も政界はこうした転変を繰り返すことだろう。しかし今や自分の地位や名声に、何も野心のない私は、大所高所から、保守党の発展のために、党の統一を守るために、晩年を捧げたいと思う。

第五章　戦後傑物伝

政敵三木武吉と握手して

政治家に政敵はつきものだ。主義・主張が異なり、利害得失が相反するところから、おのずと敵が生じてしまう。政治家にとって、悲しいひとつの宿命といえよう。

三木武吉氏と私の関係は、保守合同問題が起きるまでこの「政敵」であり、しかも三十数年間、お互にお茶一ぱい飲むことすらなかった。二人とも、知り合ったのは東京市会時代。彼は憲政会、私は政友会の所属市会議員と、立場上争う間柄だった。たまに銀座裏の飲み屋で顔を合わせても、席をへだてて飲み競うほど対抗意識に燃えたっていた。その頃、通った店にカフエ「タイガー」というのがあったが、私たちは白組というテーブルに、彼は松永東君らと赤組に陣取り、お互にサービスする女給まで違っていたほどだ。

戦後の政界でも、一時は同じ日本自由党に所属してはいたが、お互に相争う立場にあり、その後三木さんは鳩山先生を擁して民主党、私は自由党と、これまた反対党に属していた。これほど相競い合った二人も、保守合同では全く一心同体の同志として苦労をともにした。

三十年間もお互に、一歩も立場や主張を譲らないで競い合ったガン固さが、ひとたび氷解すると、かえってお互を尊重し合い強い推進力となって十分にその力を発揮出来たように思う。本当の意味の「政敵」とは、そういうものかも知れない。

二人を結びつけた運命の日は、忘れもしない三十年五月十五日である。その日は日曜日なので、縁側でのんびり新聞を読んでいると、顔見知りのM紙の記者二人が訪ねてきた。

「日曜日だというのに、なんの用事かね」

気軽く声をかけた私に、二人はいつもにない真剣さで、

「日曜日だからこそ、訪ねたのです。三木さんが、あなたに秘密で会いたがっている。ぜひ、会ってやって下さい」

「そのことを、三木さんから君たちは頼まれたわけだな。会ってどうするというのだ」

「ご明察の通りです。三木さんに頼まれました。とに角、会ってやって下さい」

二人の語調は熱を帯びているが、私はそれだけのことで三木さんに会うわけにいかない。

二人の記者には気の毒だが、こう述べた。

「さては鳩山内閣は成立したものの、絶対多数がとれないので、この俺を欺ましてうまくやろうというのだろう。ともかく、三木さんともある者が、本当に会う気があるなら、自分で電話をかけてくるべきだ。ことと次第によっては会ってもいいが、君たちの言葉だけ

では失礼ながら会うわけにいかない」

　すると両君は、

「大野さんのいわれる通りです。これから帰って三木さんに電話させます。時間は午前十時きっかりです」

　両君が、こういい残して帰っていったあと、私は三木さんの心境の変化を、あれやこれや想像してみた。というのは、三木さんは政敵なるが故に、この三十年間、一回だって私の家を訪ねたこともないし、電話をかけたこともない。その三木さんが、いまになって電話をするとは――。

　半ば期待しないで、読み残りの新聞に目を通していると、居間の電話が鳴り出した。時間は十時かっきりである。「珍しいこともあるものだ」――キツネにでもつままれた感じで、受話器をとると、まさしく三木さんの声。

「大野君、三木だ。君と二人きりで会い、救国の大業を成就したい――」

　三木さんの話は、万事がこの調子で大きなことをいう。私は冷やかし気味に、

「一体、君のいう救国の大業とやらは、どんなことなのだ」

　折角の日曜日に、競馬にでも行こうかと、のんびりしていた矢先の電話だ。ぶっきら棒な返事をしたが、三木さんは気にも留める様子がない。

「いまの日本の現状で、保守陣営が結束もしないで政権の奪い合いにのみ、狂ほんしていたのでは、祖国の前途は憂うべきである。そこでだ、なにをおいても保守合同が、天下の急務と考えこの間、大阪へ行く途中に構想を発表したのだ――」

彼特有の話し方で、熱心に私を口説きにかかってきた。彼ならずとも、心ある政治家は合同の必要かつ、重要なゆえんを十分に承知している。いまさら三木さんに教えられるまでもない。しかし、現実の政治が、そう簡単に理論通りに動くわけでないくらいのことは、海千山千の三木さんが知らぬわけがない。ひょっとすると、この電話の意図は保守合同という錦の御旗をかついで、自由党を鳩山内閣の延命工作に利用する手だてかも知れない。こう考えると、いかにも三木さんに熱心に口説かれようが、いい気になれない。

「三木さん、君はきれいごとをいうが、本音は一月の総選挙の結果、民主党が第一党になったが、絶対多数をとれなかったので、わが党を与党にでもする工作なのか」

これに対する彼の答は、意外なほどにまじめだった。

「いや、断じてそのようなことはない。この大業を成しとげるために、必要とあれば、鳩山内閣の一つや二つ、ぶっつぶしてもよい。問題は鳩山内閣が、どうの、こうのということではない。いままで幾多の先輩政治家が、保守の大同団結を何回か叫んでも、成功しなかったのはだ、それなりの思惑や野心がまきついて、うまくいかなかったからだ。実は君に呼びかけるゆえんは、自由党に人材雲のごとくあるけれど、この大業を成しとげるに、君以外に人物はいない。

　西郷南洲が、金も地位も名誉も欲しない、命すらいらぬというのはバカだが、そのバカが、最も国家のためになると語っている。まさしくその通りだ。本当に命がけで捨身でいける人物は、自由党広しといえども、大野伴睦をおいて他にいない。君の協力を乞うゆえんは、ここにある。

　しかしだ、僕は、君をうらむべき何ものもないが、君はさだめし『三木、けしからん』と怒っているだろう。僕はひとえに吉田内閣打倒を目標に、あらゆる術策をもちいてきた。この前の選挙では、そのために君の落選まで狙った。わざわざ岐阜の選挙区まで出かけていって君の悪口をいった。鳩山先生あっての大野伴睦といっていた男が、鳩山先生と政治行動をともにしなかったではないか。鳩山先生と別れる際『大野は大義親を滅す』といったが、大義の大は大臣の大、義の字は議長の議であった。これが忠臣伴睦といえるだろうか。こんな調子で今日まで、何回となく君を攻撃してきた僕だ。さぞかし君は腹を立てているに違いない」

　とうとうと、まくしたてる三木さんだが、その言い分も敵ながら天晴れである。はじめは三木さんに欺まされてはと警戒していた私も、次第に彼の説得に耳を傾けるようになっていた。

「三木さん、そのようなことを気にすることはない。われわれは政敵の悪口を述べても、それを私怨に思うほど度量は狭くない。さきほどから、君はしきりに会見を求めているが、いつ会いたいというのだ」

「今夜、会おう」

敵もさるものだ。約束した日から会見日まで日数があると、秘密は漏れやすい。即座に今夜、と切り返すところに百戦錬磨の古強者らしい配慮がある。

「では、場所はどこにしよう。料理屋では人目につきやすいが——」

「大野君、それなら手配してある。君の家の近くの山下太郎君の奥座敷を借りてあるから、二人だけで秘密に会える」

なんと手回しのよい男だろう。私は妙に感心しながら、電話を切った。

かくて、目と鼻の先の山下邸で第一回の三木・大野秘密会談が開かれることになったが、いずれ他日、この会談開催は、世間に漏れるに違いない。その際、大野は民主党に尻尾を振ったと誤解されては、迷惑千万である。緒方総裁に事前の了解を求めようと、直ちに渋谷・松濤の総裁公邸に車を走らせた。おりよく緒方君は家にいたので、三木さんからの電話の内容を伝えた。

「――三木さんは命がけで協力して欲しいという。そこで今夜、二人きりで会うわけだが、他日、いろいろな雑音が総裁の耳に入り、私の心情を誤まられると困るので、一応ご報告しておきます」

するとと、緒方総裁は即座に、

「それは結構なことだ。ぜひ実現のために努力してほしい」

緒方君に激励されて、勇気百倍した私は、帰途に幹事長の石井光次郎君を自宅に訪ねて、同様の了解を得ようとしたが、不在だった。

夕方六時近く、ぶらりと散歩にでも出るようにして、ほど近い山下邸の大きな門をくぐった。

広々とした庭に面した奥座敷に、三木さんが和服姿で山下君と雑談していた。私が案内されると、山下君は会釈して奥に姿を消し、三木さんだけとなった。彼は極めて慇懃に、

「大野君、君とは随分長い間の付き合いだが、いつでも政敵として今日まで終始してきた。だが、先ほどの電話で君にわが胸中を語ったように、いまや、政敵の関係を離れて国家の現状にお互が心をくだくべき時期と考える。日本はこのまま放っておいたら、赤化の危機にさらされること、自明の理だ。このため、なによりも保守陣営が、大同団結しなければならない。僕は今日まで、ずいぶん人をだましてきたが、今度こそ天地神明に誓って私利

私欲を去り、この大業を成就させる決心だ。くどいようだが、今度こそ術も施さないし、策もめぐらさない――」

次第に三木さんの声は熱を帯び、ついに声涙下る大演説となってしまった。

じっと目をつぶり三木さんの話を聞いているうちに、私も感激してしまった。私の目前にいる三木さんは、長い間政敵であった三木さんとは全く別個のものを感じさせる。「古ダヌキの三木」はすでになく、その心境は、仲秋の名月のように澄み切っているではないか。

「これは語るに足る」――一時間足らずの会談で、私の心には、政敵三木さんは去り、同志三木さんがあった。

「三木さん、僕も男だ。君にその決意がある以上保守合同の道はおのずと開ける。ともに力を合わせようではないか――」

老人の二人が、まるで高等学校の生徒のように、感激に燃え手をとり合い「同志」としてのよしみを誓い合った。

三木さんと会ったことは、間もなく世間に伝わったが、人々は二人の心境を正確に理解しなかった。現に林、益谷両君までが心配して「三木にダマされるな」としきりに忠告してくれた。

一方、三木さんが私に保守合同を持ちかける以前、正力松太郎氏も熱心に、大同団結を唱えていた。何度か私にも呼びかけてきたが、時期尚早と応じなかった。三木さんと会っているうちに「財界の藤山愛一郎君も、合同の必要を熱心に唱えているから、彼も加えたい」と三木さんからの申し出があった。そこで私は正力さんからの呼びかけのあったことを語り、この際四人で会うことにした。三木さんはいかにも智慧者らしく、「正力君や藤山君から再三、話があったのを放っておいて、二人でこっそり会っていたのでは、先方に失礼だ。明後日、四人で会っても、君と僕は、はじめてこの件で会ったような素振りをしよう」

ホレた同志で、さんざん野合しておき、なんにも知らない両親が、二人の見合をすすめるので、口をぬぐって初対面のように会うのとそっくりである。

新聞記者と鬼ごっこ

この頃になると、新聞記者諸君は「クサイな」と、感づきはじめた。三木さんと何回目かの秘密会談ののち、正力さんと藤山君を加え四者で会談することを決めて自宅に戻ると、待ちかねた記者諸君に「明日はだれと会うのか」と質問攻め。さり気なく「熱海に行くつもりだ。神田博君に招かれているのでね――」とかわしておいた。

事実、神田君が選挙区の人たちと熱海で会食をするので、出席してもらいたいとの、案内があった。はじめは熱海に行ったような素振りで、こっそり四者会談にと考えたのだが、新聞社の方でも、私から寸時も目を離そうとしない。仕方がないので、翌日午後三時東京駅に向うと、各新聞社の車もあとをついてくる。これでは途中下車して帰京することも出来ない。

その夜は熱海に一泊。夜明けに起き、午前五時何分かの始発電車に乗ることにした。ホームに新聞社が張り込んでいるかも知れぬと、気になったが、それもなく、どうやら無事に車中の人となった。

やがて電車が品川駅のホームにすべり込んで、びっくりした。各社の記者諸君がホームに待ちかまえている。品川駅から秘かに三木、正力、藤山三氏の待っている会合場所、高輪の料亭「志保原」に直行するつもりだったが、これでは折角の集まりも世間に知れてしまう。二等車にいた私は、小走りに電車の最前部の三等車にもぐり込んだ。ホームに電車が停まると、記者諸君は二等車目がけて殺到。その間に大急ぎでホームの階段を下りて改札口にでたが、そこでまたびっくり。私の車は、旗をつけた新聞社の車の間においてある。「おい、ここだ」と、家の運転手に声をかければ、新聞社の運転手君も気がつく。とっさに目の前のタクシーに飛び乗り「高輪へやってくれ」。

約束の料亭に着くと、三人はすでに勢揃いしていた。「遅くなって」といいながら席についたが、どうしたことか三木さんが「先夜はどうも——」と、声をかけてきた。これでは「初対面同志」との打ち合せもブチこわしだ。古ダヌキともあろう三木さんにしては、うかつな話だ。聞えないふりをして私は、とぼけていた。

朝食をとりながら、保守合同実現のため四人が心を合わせて努力しようと約束。会談も成功のうちに終えて、玄関口で靴のヒモを結んでいると、三木さんが私の耳もとで「僕もタヌキだが、君も僕以上の大ダヌキだな」それだけいうと、今度は声をたてて笑いはじめた。さきほどの、私のトボケ振りをいうのだろうが、玄関口には藤山、正力両氏もいる。口に出すわけにもいかず、これまた「アハハ……」と調子を合わせて笑うだけだった。

この四者会談は、徹底的に新聞記者の裏をかき、世間に知られなかったが、Y紙のN君には、危うく突き止められそうになった。

このN君、熱海まで私を追っかけてきて、私の宿舎の近くの旅館に陣をかまえ、翌日の動静をつかもうとした。翌朝、N君は五時ごろ起きて熱海駅に張り込んだのだが、それより十数分前、私は車中の人となっていた。

まさか始発電車に乗り込むとまでは、考えつかなかったようだ。後日、この〝大野作戦〟を披露したが、このN君「やられた」と、間一髪を残念がっていた。

何事もそうだが、とくに政治の場合は屋台骨が出来上るまで、極秘のうちの話合いが大切だ。その意味で保守合同の一方の戦いは、いかにして新聞記者の目から、私たちの動きをかくすかで、互に丁々発止と火花を散らしたものだ。

こんなこともあった。

高輪の山下邸での秘密会談も次第に記者団にかぎつけられ、どうも機密保持上、具合が悪くなり、港区麻布笄町の元朝鮮石油社長木村義雄君の広荘たる邸宅を使うことになった。ある日の夕方、木村邸での会合のため国会から車で出ようとしたところを「どこに行かれますか」と記者団につかまってしまった。

ここで本音を吐いたら、いままでの努力も水の泡だ。そこで無表情に、

「下谷に行く」

「なんの用事です」

「池ノ端で俳句の会があるのでね」

こういい残して車を走らせたが、品川駅の一件もあるので、記者団も社旗をひるがえして、あとを追ってくる。やむをえず池ノ端のよく知った店の前で車を止めて中へ飛び込んだ。顔見知りの女中さんをつかまえ、

「裏の路地から外へ出られるかな」

「はい、出られます」

「それでは、表にいる新聞記者には店にいることにしておいてくれ」

店の者の案内で路地から外に出てタクシーを拾って、麻布まで一目散に走らせた。木村邸での会談も終ったので、池ノ端の店に電話をかけ、私の車を呼ぼうとしたが、新聞社の車がまだ張り込んでいるという。再びタクシーに乗って池ノ端にもどり、店の裏口から二階の座敷に上ったのが午後十時ごろだった。

一ぱい飲んで、なにくわぬ顔付で外にでると、待ちかねた記者団にどっと囲まれた。

「いままで、どなたと会っていたのですか」

「俳句の連中五、六人で雑談をしておった」

「今夜、この店に出入りしたのは二人しかいないし、俳句などやりそうな人は見当りませんでしたがね——」

なかなか追及は手厳しい。

「君、柄では俳句はやらんよ」

いぶかる記者団を煙にまいて家路をさした。

三木さんの思い出

こうした秘密の会合をつみ重ねていくうちに、保守合同の大筋も固まってきたので正式に党総務会にはかり、推進することを決定した。党の決定をえたので自由、民主の両党からそれぞれ代表委員をえらび、本格的な話合いをすすめて、新党の規約や政策もつくっていった。

三木さんから「救国の大業にひと肌ぬいでくれ」と頼まれてから半年目の三十年十一月十五日。東京・神田の中央大学講堂で、歴史的な結党大会を開いて、保守陣営の大同団結の実が結ばれた。

この結党大会の寸前、誰を初代総裁にするかで自由、民主の両党が折り合わず、ついに鳩山、緒方両氏が相争う形勢となって、折角の合同も、とんでもない壁にぶっつかってしまった。このとき、私は戦前の政友会に、総裁代行委員制のあったことを思い出した。

ここまで漕ぎつけておいて、党首問題だけで、すべてがご破算になっては、まことに残念だ。代表委員の会合で、この代行制を持ち出したところ、一同がこの問題で頭を痛めていた矢先きだけに「これは名案」と飛びつき、鳩山、緒方、三木、大野の四代行委員が生まれた次第だ。

この保守合同が、どうやら達成できるとの目安のついたある日、三木さんが神楽坂の料亭「松ヶ枝」で会いたいという。座敷には彼独り、黙然と脇息に寄りかかっていた。私の姿をみると、

「大野君、本当にいろいろ世話になった。これで安心して死ねるよ。僕もいささか疲れた――」

しんみり語る三木さんは、心もち元気がない。

「三木さん、気の弱いことをいうな。それにしても、お互によくがんばり通したものだなあ」

激励とねぎらいのつもりで語る私の言葉に、彼は無表情で、かたわらの大きな革カバンを手元に引きよせた。

「大野君、ここに現金一千万円がある。この金は、保守合同に共鳴してくれたある人が、なにかと金もいることだろうと、無条件でくれた金だ。君も今度の運動で何かと金がかかっただろう。僕と命をかけて仕事をしてくれた君個人に自由に使ってもらいたい」

見れば、千円札で一千万円が革カバンの中にある。折角、くれるというものを、もらわないテはない。気持よく受取り自動車に乗ったが、途中で別の考えが浮かんだ。この金をもらったことが他日、世間に知れることだろう。口さがない連中は、大野は三木から金を

もらいたさに、保守合同に懸命だったと悪口をいうに違いない。事実はそうでなくとも、伴睦の名に関することだ。それに、いまのところ一千万円がなければ、自分の生活や政治活動が困るわけでもない。

「おい、石井幹事長の家にやってくれ」

党の資金がこと欠いていると聞いていたので、車をそのまま石井邸に乗りつけた。あいにく石井君は不在。書生氏に革カバンをあずけ「これは大事な品物が入っている。石井君が帰ってきたら、すぐ渡して欲しい。理由はあとから電話すると伝えてくれ」。

あとで帰宅した石井君は、現金一千万円がころがっているので、びっくりしたらしい。私の電話で、事情を知って党の政治資金に使うことになった。

後日、緒方、松野両君と柳橋の亀清で食事をしたとき、三木さんからの一千万円の件を私が語ったら、両君とも「ふ、ふーむ」と感にたえた様子だった。もちろん、三木さんには「君からもらった金は、個人で使うのはどうかと思ったので、党に渡しておいた」と、あいさつをしておいた。三木さんは、ギョロリとした三白眼をパチクリさせながら「君のような男を、清廉な男というのだ」しきりに感心していた。

ついでに書き添えておくが、三木さんのくれた一千万円は、ずっと後になって知ったことだが、正力さんが三木さんにおくったものだったそうだ。三木・大野の握手を、サイドから熱心に推進していたのが、正力さんであった。正力さんは鳩山さん、三木さんとは大正四年以来の仲で、かねて、鳩山さんと三木さんに、保守合同の必要と、そのためには大野伴睦と握手しなければならぬことを、口説いていたようだ。三木さんはその正力さんが政治献金としてくれた二千万円のうち、半分を私にくれたわけだ。したがって結局のところ、正力さんは一千万円を党資金として献金したという結果になったのである。

緒方竹虎の風格

保守合同で三木さんとならんで、書かねばならぬのは、緒方竹虎君のことだ。三木さんの死を早めたのは、合同をめぐっての体力の消耗だったが、緒方君の突然の死も、やはり合同問題での過労が原因と思われる。この私ですら、眼底出血で入院するほど合同前後の政界は、命がけの忙しさだったのである。

この緒方君と私との間柄は、これまで別になんの関係もなく、従って一面識もなかった。戦前から朝日新聞の緒方という名前だけは、耳にはしていたが、お互にこれといって親しく語り合う機会もなかった。戦後、追放解除を受けた緒方君は、昭和二十六年十二月、自由党入りをした。党籍の上では、同志ということになったが、私の感じにピッタリくるものがなかった。入党について吉田さんから話があったときも「緒方というのは、朝日新聞の緒方のことですか。実のところ、私は緒方君をよく知らないのですが——」。突っぱねるようにいう私に対して、吉田さんは「君、いい男だよ」と、しきりに強調していた。

あとで知ったことだが、緒方君の入党は古島一雄老の強い推挙によったという。また、吉田さんが奉天の総領事以来、親交のある町野竹馬さんも、強く緒方君の政界入りを支持していた。こうした背景のある緒方君のこと。吉田さんが「いい男だ」を連発するわけだが、私には吉田さんの言葉だけでは、実感をもって緒方君を「いい男」とは、納得いかなかった。

むしろ、新聞人としては第一級でも、政界に入れば一年生に過ぎない。その一年生をつかまえ「いい男だ」と、総理以下党幹部が緒方君を珍重がる風潮に、反発をすら感じていた。そのせいか、入党した緒方君と直ちに誼を通じることもなかった。

それから半年たって、二十七年六月に、脳出血で倒れた鳩山先生の全快祝いが、芝の般若苑で開かれた。出席すると、緒方君もいたが「緒方なにするものぞ」の感情があったためか、あえて同君にあいさつを交すこともなく、会場の一隅で、顔見知りの連中と杯を交わしていた。そこへ海原清平君が、つかつかやって来て「大野君、緒方さんに会って下さい。人物は立派だし、必ずや、あなたと共鳴するところがある」と私の手をむりやりとって、緒方君と引合わしてしまった。

お互に初対面の挨拶後、世間話をしているうちに、海原君のいうように「ちょっとした人物」であることが、よくわかってきた。茫洋として、なんとなくつかみどころのない容姿は、床次竹次郎さんそっくりだ。話を交わしていると、段々その人となりがわかり、恰も五島するめをかんでいるように、次第と味がでてくる。それから付き合っているうちに、私はすっかり「緒方ファン」になってしまった。「これほどの人物とは知らなかった。次期総裁に最もふさわしい男だ」と自らの不明を恥じ、緒方総裁実現を心秘かに決心したのだった。

二十九年十二月、吉田さんは造船疑獄の発展で解散を主張したが、私たちの反対で内閣を投げ出して大磯へ帰ってしまった。

大磯に引きこもった吉田さんは、間もなく一通の手紙を私に寄せた。「――自分の処遇に関しては度外視して、一切を党のために考えてほしい」というものだった。これは暗に「緒方後継総裁」を認めるということをほのめかし、党内の混乱をしずめようと狙ったものであるが、この手紙は本来、儀礼的なもので、決して吉田さんが政治的引退を表明したものではなかった。

しかし、この機会を逸しては、緒方総裁実現に手間どると、党内事情を判断し、「吉田さんも、こういわれていることだし――」と、緒方君を後継者に決定してしまった。

総裁になった緒方君はある朝、ひょっこり私の家を訪ねてきた。

「大野君、幹事長は誰にしたらいいだろうか――」

全くうちとけきって重要な人事問題の相談である。

「幹事長といえば、女房役です。総裁の気に入られた人を、自由に選ばれたらいいでしょう」

要談終って、玄関まで見送った私は、緒方君の後姿をながめ、思わずうなってしまった。総裁たるもの、用件があるなら自宅に党員の私を呼びつけるのが普通である。それなのに辞を低くして、わざわざ私の家を訪ねてくる。なんと気持のやさしい男だろうと思った。

生まれながら、将たる器とは緒方君のことで、酒宴の席でもそれなりの風格があった。あるとき、林、益谷といった常連と痛飲したが、緒方君はほれぼれとするノドで、

〽うたはチャッキリ節、男は次郎長

花は橘、茶の香り

を歌い出し、やんやのかっさいをうけた。

このチャッキリ節のほか、新内も上手で東京中広しといえど、岡本新内をこなせるのは自分一人と、粋なところをしばしば、きかせてくれた。重厚な面ざしの反面、酔えばこういう洒脱なところもあった人で、さすがは天下の新聞人と、感心していた。

三十一年一月二十八日、卒然と、この世を去ったが、おり悪しく私は東京にいなかった。大垣の西濃運輸の社長田口利八宅が新築したので、ぜひ泊りがけで来て欲しいと招待をうけていた。深夜、中部日本新聞社の記者から訃報をきき、翌朝、急いで帰京、東京駅から渋谷・松濤町の公邸にかけつけたが、霊前で涙をこらえられなかった。苦心の保守合同も、どうやら実のり、総裁就任を目前にして世を去るとは、天も非情なものようらめしかった。

思えばこの月のはじめ、熱海ホテルで静養中の緒方君を訪ねたとき、そのよろこびようはひと通りではなかった。別室で二人きりになって長時間、政局の前途について語り合ったが、このときの緒方君は政権担当のあかつきの抱負経綸を、めずらしく情熱的な口調で語っていた。

日頃は物静かな口のきき方の人だが、このときばかりは、気魄に富んだ調子で、いまにして思えば、なんとなしに死期の近さを物語っていたのかも知れない。

このときの緒方君の話の中で、最も印象深かったのは、アジア政策に関することだった。なかでも、中国問題については、毛沢東、周恩来の政治思想は断じて承認できないにしても、いつまでもこのままの状態で放置するわけにもいかない。また、蔣介石氏の敗戦日本に対する恩情は、まさに孔孟の教えそのままで、あの深い思いやりが、どんなに当時、中国にいた日本人を救ったことか。この蔣介石氏の恩義にそむくことなく、二つの中国に、これからの日本はどのように臨んだらいいのか。切々と説く緒方君の面影は、いまもなお、目を閉じると彷彿とするものがある。

西尾末広君との勝負

保守陣営内では、今日まで何回となく男同士、政治上の真剣勝負をやり合った相手がいる。ところが、革新陣営には、その相手が少ないのはどうしたことだろう。私が、これはという思い出のある人物は、西尾末広君ぐらい。革新政党には、どうも一騎当千の武者が育ちにくいようだ。政治家としての力量や人柄より、主義・主張といった理屈の方を重視する党風が、味のある政治家の育つことを阻んでいるのかも知れない。

西尾君と勝負したのは、二十二年四月の総選挙後のことである。二・一ゼネストを回避した第一次吉田内閣は、GHQの勧告にもとづいて衆議院を解散した。開票の結果、社会党が一四三人で第一党となり、自由党一三一人、民主党一二一人の順序だった。このとき吉田さんは「政権は第一党である社会党が担当すべきだ」と、自ら野に下る英断をくだした。

民主党に働きかけて連立政権を組み、政権を社会党に渡すまいと思えば、工作の余地があったのだが、吉田さんはそうした小細工を排して、野党になる決意をしたのだ。この吉田さんの決意こそ、のちに自由党が発展した基礎となった。つまり、政権に恋々としなかったことが、かえって国民全体の信任を獲得、次の選挙で堂々と第一党になり得たのだ。

この吉田さんの野党になるとの信念で、片山哲君が国会で首班に指名されたが、何分にも、自由、民主両党の勢力は社会党を上回っている。敵と味方に分かれて争ったら勝ち目がないとみてとった西尾君は、保守党との連立政権「挙国一致内閣」の構想を打ち出した。

社会党からの、この申し出を受けたわが党は、早速幹部会を開いて態度を協議した。その結果、いたずらに挙国一致の美名で組閣に加わっても、社会党とは根本的に政策が違うから、意見の衝突が起きるだけ。まず、政策協定を結ぶことが、連立政権参加を決める前提条件である、と意見がまとまった。

この結果によって、民主、国協両党も加えた政策協定の四党代表会談が、開かれることになった。自由党からは、幹事長だった私、民主党は芦田均君、国協党は三木武夫君、社会党は書記長の西尾君で、衆議院議長サロンに集まった。

会談のはじめ、私はとくに発言を求めて、

「吉田総理の意向は、社会党が国民の審判で第一党になったのだから、その立場を十分に尊重し、社会党政権の成立を認めたい。挙国一致の連立政権については、今日の閣議の機密を明日にはモスクワに知らせる分子が社会党のなかにいるので、わが党としては協力するわけにいかない。どうしても社会党が連立を望むのなら、この容共分子である左派を切って欲しい。左派を切ることで社会党の議席が減っても、第一党として尊重することに、変りはない」

西尾君は困った表情で、

「左派と手を切れといわれても、ちょっと困る。この問題は必ず善処するから、とりあえず政策協定の問題を先に話し合いたい」

「それでは――」と、一応西尾君の発言を尊重して四党代表は、政策協定の会合を五回ほど開き、どうやら結論がまとまり、この協定に基づき連立政権の組閣に着手しようとした。

そこで西尾君に向って、

「政策協定を話し合う当初、機密保持問題で左派切るべしと要求していたことは、いまだにお返事がないが、どうしてもらえるのですか」

「大野さん、内閣の機密保持については、わたくしが全責任をもって守りますから、この問題は大目に見て下さい。そのうち中央執行委員の改選があるから、その際は左派を一人も当選させないようにする。それまで待っていただけませんか」

「いや、それでは承知できません。さきざき、こうなるとの仮定の話でなくて、現実にいますぐ、こう処理するということでなくては。――そうでなければ、自由党としては連立政権に参加するわけにはいきません」

これには西尾君、よほど弱ったとみえ「もう一度考慮してもらえませんか」と熱心に〝口説き〟にかかってきた。「考える余地はないですね」と、にべもなく突っぱねて帰ろうと立ち上ると、西尾君は小声で「今夜、もう一度だけ秘密に会ってもらえませんか」。

その夜、帰宅したのは午後十時ごろだった。

「大野さん、会談の結果はどうなりました」

待ちかまえた新聞記者諸君が口々に質問する。

「決裂したよ。わが党はあくまでも野党で社会党と相まみえる方針だ。連日の会談で疲れたから、今夜は早く寝るよ」

自動車を車庫に入れ、家人にも電灯を消すように命じて門を閉めた。時計が十二時をまわったころ、門前に人影があるかないかを書生に確かめさせ、再び車庫から自動車を引っぱり出した。「木挽町の料亭で人と会ってくる。帰りは夜明けになるかも知れない」。

約束の料亭に姿を現わすと、すでに西尾君をはじめ平野力三、水谷長三郎君らが待ちかねていた。西尾君は冒頭から、組閣の際の大臣のイスを社会党四人から六人、自由党五人、民主党五人と示してきた。そしてわが党の条件である機密保持問題について、

「大野さん、私は片山さんの女房役として国務大臣の内閣官房長官になる。あなたは内務大臣でいかがですか。連立政権ともなれば、内閣の運営は難かしいが、二人で呼吸を合わせてやってゆけば、必ずやうまくいくと思うのだが——。この際、ぜひ協力してもらえませんか」

「君の気持は判らんわけでもないが、私は昔から大臣になりたいと思ったことのない男だ。まして失礼ながら、片山内閣の禄を食もうとは、毛頭考えたことがない。党としての条件に、明確なお返事がいただけないのなら、協力するわけにいかない」

二人の押し問答は東の空がしらじらと明けるまで続いたが、平行線をゆくだけで一致しそうもない。ついに、

「西尾君、疲れて眠くて仕方がない。帰らしてもらいます」

席を立つと西尾君は、

「くどいようだが、本日昼ごろもう一度だけ吉田総理に会わせて下さい」

「結構でしょう。ごあっせんしましょう」

睡眠不足のその日、西尾君は片山君とともに午前十時ごろ、首相官邸に吉田総理を訪問した。

「私はなんとかして挙国一致内閣を実現したいと思っています。自由党にも何分の協力を

お願いしたい。というのは、政策協定も大臣のわりふりも決まった今日、機密保持問題だけでつまずくのは残念です。左派を即刻に切れとおっしゃるが、わが党の現状では無理です。機密問題については、私が万全を期するから、曲げてご協力を願いたい――」

ここまでひといきにしゃべった西尾君は、ひざを乗り出さんばかりにして、

「――でき得べくんば外務大臣に、吉田さんをお願いしたいとさえ考えているのです」

この日の夜明け、私に「内務大臣では――」と〝口説き〟にかかった西尾君は、いま吉田さんに外務大臣のイスを持ち出して説得工作だ。この辺のカケ引き具合は、ちょっとした保守政治家も顔負けである。

しかし、吉田さんは西尾君の口説きに応じないので、彼も困りはて、

「七重のヒザを八重に折っての願いごとです。吉田さん、協力して下さい」

このときの吉田さんの返事は、

「今年の二月、自由党が挙国一致内閣をつくるとき、わたしが七重のヒザを八重に折るといったが、社会党は協力していただけなかった。ですから、そのお言葉はお返しします」

吉田さんの皮肉で、この会談も決裂、西尾君の奔走もむなしく自由党は野に下ることになった。

この交渉を通じ、西尾君とは親しく接したわけだが「社会党きっての人物」との印象を

深くした。なにしろ、自由党が連立政権参加の条件とした「左派切るべし」も、考えてみると失礼千万な話ではあった。人の家庭に口ばしを入れ、お前さんの女房は気に入らないから連れてくるな、お前だけ独りでこいといえば、誰しも腹をたてるのと、同じ理屈である。

この「無理難題」に対して西尾君は怒りをみせもせず「何分にも吉田さんは官僚だから、あんなことをいわれるのでしょう。政党政治家として、左派を切るわけにいかないことぐらいは、党人育ちの大野さんは百も承知でしょう。政党の運営で苦労してこられたあなたがぜひひと肌ぬいで下さい」。

吉田さんは外務官僚で話のわからないのは当然、党人育ちのお前に私の苦労のわからぬわけがない——といった論法で私を説得する。その腕前たるや、ねばりもあり人の心をそらさない点で、一流だった。革新陣営で彼の右に出る現実政治家は、ちょっと見当らないとこのとき思った。

はたせるかな、昭電事件の判決が無罪となって以来、活発な政治活動をはじめたわけだが、三十四年秋の社会党大会で「西尾処分」が表決されると、新党構想を発表して大いに男をあげた。

西尾君が他の社会主義政治家と異なり秀れているのは、足を地につけた物の考え方をする点にある。いくら立派な社会主義理論でも、十年、二十年とお題目の唱え通しでは、全く意味をなさない。政権をとってこそ、立派な理論も政治となって生きてくる。学者ならいざ知らず、現実の政治家にとって考えねばならないのは、いかにして政権をとるかということだ。これを頭の中に入れたうえで、実行可能な社会主義政策を唱えることが、現在の日本の革新政治家の急務である。

世評のように「昔軍部、いま総評」と、指令次第で、日本の生産活動を止めたり、動かしたりする組合幹部が我がもの顔に革新陣営の大将気取りになっており、社会党はそのご機嫌伺いにいそがしいのでは、社会主義政権の成立は百年たっても日本には実現しない。

西尾君がこの不合理を鋭く批判、ついに脱党にまで発展したわけだが、新たに生まれた民社党には私なりの期待がある。自民党にしても、百年、千年と政権を維持出来るわけでもない。いい意味の競争政党がないと、どうしても腐敗と堕落がつきまとう。お互の切磋琢磨が政治の上では大切なのだ。安心して政権交替の出来る革新政党に、民社党が育ってもらいたい。西尾君なら必ずそれをやりとげる男と見込んでいる。

第六章　忘れ得ぬ人々

快男児・小林徳一郎

私の交友録には、風変りな人物が多い。小林徳一郎親分もその一人である。彼は世にいう快男児で、北九州一帯の大親分だった。気ッぷのいいことは天下無類、大いに稼いでは、意気に感じると、大いに散じた男で、いまのセチがらい世の中では、見当らないスケールの大きな愉快な男であった。

私と彼との出会いは、昭和二年の田中内閣のころ、書記官長だった鳩山先生からある朝、電話がかかった。「今日、君に九州の小林徳一郎という快男子を紹介する。赤坂の宇佐美という料理屋で小林と昼食をとるから、君もぜひ来給え」。

指定の料亭に出かけると、鳩山先生と小林さんはすでに雑談していた。先生に型どおりの紹介をうけ、三人で昼食をとった。食事のあい間、小林さんは私に「先生、わたしは金があると東京へ散じにくるのです。東京は金を使うところで、稼ぐところとは思っておりません。今後とも、上京の折はぜひお近づきをお願い申し上げます」。

この日はそのまま別れたが、一カ月もすると、また上京してきた。初対面のあいさつ通りにさっそく、私のところへ電話をかけてきた。「一ぱい飲むから、お付き合い願いたい」。こんな調子で、上京のたびに毎晩のように赤坂、新橋の花柳界を飲み歩く。すべて小林さんのごちそうだ。最初のうちは、えらく飲みっぷりのいい男だな、くらいの付き合いだったが、次第に気が合って何時の間にか肝胆相照らす仲になった。

昭和四年七月、田中内閣は議会を解散、衆議院の総選挙が行なわれることになった。小林さんは議会解散の報ですぐさま上京、私に電話をかけてきた。

「立候補の門出を祝って赤坂で飲みましょう」

その晩、二人は赤坂の料亭「永楽」で派手に飲んだ。宴会の最中に「先生、選挙費用の一部に使って下さい」と、小切手をくれた。酔眼朦朧としていたので「ありがとう」と受け取って、ポケットにねじ込んだ。このとき、ちらり額面をみると、数字の頭文字は「壱」となっている。「ははァ、一千円もくれたな」ぐらいで、確かめもせずに杯に酒をついでもらった。

翌朝、目が覚めると前夜もらった小切手を思い出した。上着のポケットに手を入れると、なるほど紙片が入っている。手にしてみて驚いた。額面は千円に非ず、一万円とある。五円札一枚でゆっくり遊べた時代の一万円だ。「これは見違えたかな」。宿酔の目をこすって、もう一度ながめたがやはり「壱万円也」である。「なんと気前のいい男だろう」私もいささかびっくりさせられた。

この小林さん、自ら語る生い立ちは島根県邑智郡の出身で、小学校もロクにでていない。十三歳のとき、はやくも流浪の旅にでて、流れ流れて北九州の炭鉱、田川市にたどりつき坑夫となった。

そのせいか、彼は酔うと必ずこんな歌をうたいだす。

〽七つ八つからカンテラ下げて
坑内下りのサノ親のバチ
二十歳のとき、小林組という請負業をはじめ、持前の気ッぷのよさと度胸で、たちまちのうち押しも押されぬ親分になってしまった。

その後、浅野セメントの工場建設を請負って、これが当り五百万円ほどもうけた。いまから四十年前の五百万円である。これだけの金があれば一生遊んで暮らせる財産だが、彼の旺盛な事業欲はこれに満足しないで、次々と仕事をおこしていった。

いわば、無学無産の身で一代にして財をなした立志伝中の男だが、成金にありがちな思い上ったところもなく、信仰心の厚い謙虚な人物であった。

現在、熊本市花園町の本妙寺にコンクリート造りの仁王門が建っている。この仁王門は小林さんの寄進だ。そのいきさつは、明治二十八年六月二十三日、小林さんは広島の親分・肥田利助氏と、この本妙寺の門前で決闘をすることになった。ことのおこりは前年、肥田氏の身内から彼が侮辱されて肥田親分に談じ込んだが「若僧のくせに」と相手にされなかった事件にある。

この肥田親分は熱心な日蓮信者で、毎年熊本市の本妙寺に参詣していた。これを聞いた小林さんはドスを懐にして、乗り込んだのである。境内に肥田親分を待ちうけ名乗りを上げて対決を迫ると肥田親分は、お百度を踏むからそれが終るまで待てといったそうだ。深夜に「南無妙法蓮華経」の声を張りあげ、熱心にお参りしている親分の姿をみているうちに小林さんはすっかり感激し、ケンカをする気がなくなった。人を仲にたて手打ちをしたのだが、このとき、日蓮信者になることを心に期した。聖域を血でけがさずにすんだのは、ひとえに清正公の遺徳と、後年この仁王門を建てたわけだ。

あるとき、私と二人で成田山にお参りした。帰りに佐倉宗五郎を祀った宗吾堂にいくと、小林さんは「佐倉義民伝を読んだことがあるが、彼くらい偉い奴はいない」といいながら、熱心におがんでいる。そこには、宗吾堂の屋根修理のため、瓦一枚二十銭で売っており、寄進を乞う立て札があった。

この立て札の前にきた彼は、私をふりかえり「二千枚も寄進しましょうか」。ポンと二千枚分の金を支払ってスタスタ歩いていく。普通は参詣人が一枚、二枚と寄進しているのに、二千枚という大量の寄進に坊さんはびっくり。帰りがけた私たち一行に追いすがって、

「どちら様ですか。全くご奇特なお方、どうぞお名前を教えて下さい」

「いやァ、あたしゃァ名無しの権兵衛ですよ。生まれたときは親はおらず、名前もつけてもらえなかったので——」

大正の初めごろ、島根県の名門、出雲大社の宮司千家氏が破産寸前になったことがある。当時、男爵の千家尊福氏は東京府知事や司法大臣まで務めた人だが、名家の育ちで人柄がよく、他人の手形のウラ判を引き受けて大損害を受け、家は没落してしまった。そのおりの破産整理をやったのが、原敬内閣で司法大臣を務めた大木遠吉伯だった。

このことを新聞で知った彼は、手元にあった現金二十万円をカバンに詰め込み、車中の人となった。小林さんは千家氏となんの関係もないのだが、自分の故郷の名望家が金銭上のことで没落するのを、持前の義俠心で黙っていられなかったのだろう。東京駅からタクシーを拾い、芝の葺手町の大木邸にのりつけた。

もちろん、大木伯とは一面識すらない。玄関口で御前様に会いたいという風変りな男に、執事は迷惑顔で追い帰そうとする。

「一体、御前様への用件とはどういうことですか」

「あたしァ名前を名乗るほどの男じゃァないが、九州の小林徳一郎というケチな野郎です。どうしても伯爵にお目にかかりたい。用件はお会いしなければ申し上げられない。とにかく、とりついで欲しい」

テコでも動かぬ様子に、執事もたじたじとなり、大木伯にとりついだ。

「何の用件か知らないが、面白い男だ。ここへ通しなさい」

大木伯の前に案内された小林さんは、

「伯爵、千家さんには会ったこともなければ、見たこともないが、ただ縁あって出雲に生まれ、いま日本一の名門千家氏が没落されると聞いている。同郷の一人として黙っているわけにいかない。ここに二十万円の金があります。どうぞ負債整理の一部にお加え下さい」

出雲出身というだけで、ポンと大金を投げ出したのだ。さすがに豪胆な大木伯も驚き、かつ感激してしまった。「小林君。お志し有難う」。手をとらんばかりに喜び、その場で大木伯は無名の土建屋と、兄弟分の酒杯をかわしたのだった。

以来、晩年まで両氏は非常に親しく交遊し、大木伯の死ぬまで小林さんは上京のつど、芝の屋敷を必ず訪ねていた。

彼はさらに出雲大社に大鳥居を寄進している。あるとき、二人で出雲に旅行したが、出雲大社の彼に対する礼は最高で、天皇陛下がいかれる一歩手前まで社殿参拝を、許されるほどだった。

千家氏を破産から救った彼は、さらに郷土の埋れた祠を、いちはやく県社にもり上げてしまった。八岐大蛇を退治した素戔嗚尊の妃になった稲田姫をまつった祠が、仁多郡横田村というところにあった。

村社にもなっていない無格社だったが、一寄進で、おやしろを造り、神様の生活が困らぬように山林や田畑までつけ、県社にしてしまった。このときの費用も数十万円を下らない。落成式に私も招かれたが、花火を打ち上げ、近郷在所からの人出で、大変なお祭りだった。

彼の寄進癖は神社仏閣だけでなく、学校にまで及んでいる。法政大学で中国の漢籍を買うことにしたが、本代十五万円がどうしても都合できない。ときの総長は第三次桂内閣や寺内内閣で司法大臣をつとめた松室致氏で、この事情を小林さんに語ったところ「それでは、私が寄付します」と、無造作に十五万円の図書購入費をだした。

松室氏は思わず「義書」だと、うなったそうだ。

また、歌手の赤坂小梅を売り出したのも彼だった。

昭和五年、小倉の花街にいた小梅を見出した彼は「器量はそれほどでもないが、唄がすばらしい」と、小梅を東京に連れてきて赤坂からだした。

この年は私が代議士に当選した年で、この年の当選者だけで「昭五会」をつくっていた。会員は林譲治や中島飛行機の中島知久平など。金に不自由しない集まりなので、痛飲するのが常だった。小林さんは小梅をこの会にひっぱってきて「小梅を売り出したい。『昭五会』がP・Rをやってくれ」という。

それからの「昭五会」の集まりには、必ず小梅が呼ばれて宣伝大いに努めたものだ。この間、久しぶりに小梅君に会ったら「あの頃は、本当にお世話になりました」と、しきりに懐しがっていた。

その後、間もなく彼は朝鮮に渡り、炭鉱事業に着手した。

北朝鮮の咸鏡鉄道で羅南に近く明川《めいせん》駅と竜洞《りゅうどう》駅との中間に鉱区をもっていた。この付近の石炭は明川炭といい、家庭燃料炭にはもってこいだったが、何分にも駅まで牛車で運ばねばならないので、採算が合わない。

そこで、なんとか鉱区近くに駅をつくりたいと、私に助力を求めてきた。

日ごろの飲み友達の願いごとだ。早速、鳩山先生のところへ相談にいくと先生は学友で朝鮮の鉄道局長大村卓一氏宛に「ぜひ、力になって欲しい」と、紹介状を書いてくれた。

朝鮮に渡り、大村局長を訪問すると、下へもおかぬ丁重なもてなし。が、肝心な駅の新設の方は、クリスチャン局長の大村さんが事務的に処理するだけで、いっこうに実現しない。宴会戦術で頼み込もうとしても、クリスチャンの大村さんは、酒や女は一切ご免と、とりつくしまもない。

こんな局長を相手にしていたのでは、ラチがあかない。現場の課長クラスに目標を変えて、連日連夜京城（現在のソウル）の花柳界に招待して宴会ずくめ。いまでいえば〝供応〟になるのだが、当時はのんびりした時代。料亭の払いは小林さんが持つし、どれくらい使っても結構だから、万事お願いしますという。余り派手に飲むので、京城の花柳界では「政友会の大野さんは、すばらしい金持ちだ」のうわさが飛ぶ。いささか、くすぐったい感じだった。

約六ヵ月ほどの〝猛運動〟の効果が実のり、ついに駅が新設されることになった。頼まれた役目も果したので、帰国の準備をしていると小林さんが「ヤマを見て帰って下さい」という。案内されて明川のヤマへ行って驚いた。ヤマでの彼の住いは、夜になるとオオカミがでるというほどさびしい山中。単身で泊って、夜明けになると起きて入坑する坑夫の勤務ぶりをみとどける。

花柳界で派手な宴会で騒いだり、気前よくポンポン金を投げ出すように寄付している小林さんしかみていなかった私は、ここで大いに考えさせられた。一業を成す人は、必ずかくれた努力の半面があるということを——。

晩年の彼は、九州各地に赤字覚悟の干拓事業を引き受けたり、育英会の設置に私財を投じるなどして昭和三十一年一月三日、八十九歳で大往生を遂げた。

死ぬ三年前、小倉駅改築の陳情のため小倉市長とともに上京したのが、私が会った最後だった。このときは、ほかならぬ小林さんの頼みごとというので、私たち同志が党に働きかけ、十三億円の予算がたちまちのうちに計上された。小林さんの人徳のたまものといえよう。地元の小倉市では、林市長らが中心となって小倉郷土会の手で、銅像と伝記編纂の計画が立てられ、今年四月には銅像が完成して、私もその除幕式に招かれた。九州の重要産業の工事は、八幡製鉄をはじめ大半が小林組の手で完成されており、九州発展にも一役買っているわけで、郷土の人たちが伝記を編纂したい気持も、ここにあるのだろう。死んでから、めぼしい財産は見当らなかったほど、世のために「寄付」してきた人だった。いまどき、ちょっと存在しないスケールの人物であった。こういう人こそ、快男児の名に値するといってよかろう。

「御三家」の思い出

どういうものか、私は旅先で、親しい人の死去の知らせをきくことが多い。緒方、三木、鳩山の三氏が亡くなったのも、遊説中で、日程を打ち切り急いで帰京した。「妙なめぐり合わせだ」つね日ごろ、こう思っているためでもなかろうが、またしても、親友林譲治君の死を大阪の出張先で聞いた。あわてて、一切の予定を変更、日航機で東京にもどり、同君の霊前にぬかずいた。そのときの心境を一句したためた。

春の海消えゆく土佐の巨鯨《おお》

私と林君、そして益谷君の三人は、世間も「御三家」と呼んだほど三十数年来の友人であり、飲み友達である。年齢的には、益谷、林、私の順で一つずつ違っているが、毎日の付き合いは兄弟のように「俺、お前」の間柄であった。

三人の中で、ほとんど病気らしい病気もせず、「僕が最後まで生き残るよ」といっていた林君が、最初に他界してしまった。数年前、私が高血圧で酒をひかえると、林君がやってきて「酒が飲めないとは気の毒だ。僕は毎晩飲んでいる。羨ましいだろう」と冗談をいっていたことが、昨日のことのように思い出される。人の命くらい、測り知れないものはない。

林君とは、昭和五年にお互が初当選して、代議士になってから知り合った。以来、政治行動はつねに一緒で、北は樺太から南は鹿児島までともに遊説、戦時中は仲よく翼賛選挙で落選している。昨年は、永年勤続議員として二人が同時に衆院から表彰された。彼が当選後、間もなく私が彼を鳩山先生に紹介し、先生が文部大臣になられたとき秘書官に推薦した。戦後は彼が議長を辞めるとき、彼は吉田さんに後任の議長として私を推薦している。ちょうど、二十七年八月の第三次吉田内閣のこと。そのころ私は吉田さんの鳩山先生に対する態度が気に入らず、大いに憤慨していたのでいまさら議長になれといっても「俺はいやだ」と、林、益谷両君のすすめを断わっていた。

ある日、この両君に料亭に招かれ再び議長就任を口説かれた。「解散が近いのに、いまさら議長になれるか」。にべなく突っ放ねると二人は「そんなアホなことをいうな。議長といえば議員の最高の地位だ。ならぬ奴があるか」。それでもいやだというと、ついに林君は涙を流し、

「お前、どうしてそんなに強情を張るのか。吉田総理もその気持になっているのだぞ」

涙で攻められるのが、私には何よりつらい。酔いも手伝って「君らで勝手にしてくれ」と、いい残して席を立ってしまった。翌日、衆議院で議長選挙があり、大野が承諾したということで私が選ばれてしまった。

ところが、私が議長に就任した三日目、突如として吉田さんは国会を解散してしまった。いわゆる「抜打ち解散」で、短期間の議長とは承知していたが、まさか三日坊主とは知らなかった。当時、大蔵大臣だった池田勇人、郵政大臣の佐藤栄作、外務大臣の岡崎勝男の

三君が、吉田さんとの間で秘かに仕組んだ作戦であった。

私や益谷、林の三人はつんぼ桟敷に置かれていたわけだ。いよいよ選挙に入ると反対党はこのときとばかり「三日議長」と私を野次る。内心、吉田さんの仕打ちに腹も立ったが、口にだすわけにいかない。そこで私は「たとえ三日でも、一時間でも議長は議長だ。君らは未来永劫に議長になれないだろう。一輪咲いても花は花、一夜添っても妻は妻。三日議長でも議長は議長だ」と強がりをいって回ったが、実のところバツが悪いことおびただしかった。

三人は、政治上のことではつねに助け合ってきたが、酒席になると勝手放題。とくに俳句では、林君に負けるものかとお互に競ったもの。句会での点数は、どちらかといえば私の方が上で、彼もしきりに残念がっていた。二十六年ごろの選挙のとき、私の選挙区に応援演説に来た林君が、私の郷里の家に一泊。色紙に一句したためて帰った。

政治家を子に持つ親の古袷

その後、私が郷里に帰って、笑いながら母に、

「あんな句を作られるようじゃ、よっぽど汚い袷を着とったのかい」

「わしァ一張羅の着物を着とったがな」

母も苦笑していた。どちらかといえば、繊細な、いわゆる俳句らしい俳句を作る男だっ

た。

三人のうちの年長者で、酒席では兄貴格でいつも床の間を背にして座っている益谷君は、私が院外団時代の大正九年の原敬内閣の選挙で、代議士となった。三十二、三歳の若さだった。彼は石川県能登の素封家の生まれ、若いころから風変りな痛快な人物だった。郷里の中学でストライキをやって退学、東京にでて開成中学を終え、外国に遊び、京大の仏法科を卒業した。彼は「二番で卒業した」というが、よく聞いてみると仏法科の生徒は総計で二人。つまりビリッカスで卒業したらしい。

大学を卒えると、裁判官となり、山口地方裁判所の判事をつとめた。山口市での益谷判事は名裁判官の評判を博していた。なるほど、彼の手にかかると大抵のものは無罪か執行猶予。これでは人気がでるわけで、「無罪判事」の異名をとった。そのころから、酒を浴びるように飲み、料理屋から裁判所に出勤するほどの豪の者だった。

その後、能登の実家の兄に金を出してもらい、衆議院に当選した彼は、当時の国勢院総裁小川平吉氏の秘書官となった。私と彼との出会いは、このころだ。秘書官になっても益谷君は、相変らずお酒をのむと、豪傑ぶりを発揮する。小川総裁のお伴で北海道視察に出かけたが、車中で酒に酔い総裁を「おいペーキチ、ペーキチ」と呼びつけ、小川総裁の手回り品は放っぽらかし。どちらが秘書官かわからない一幕があった。

酒に関しては、人後に落ちない三人がいつも相寄って酒を飲むのだから、自然に心は結ばれ政治上でも同じ行動をとり、のちに「御三家」といわれるまでの間柄になったのも、当り前といえる。しかし、この三人の政治上の行動は、吉田内閣の初期が絶頂で、党内を抑えていたが、私が吉田さんと疎遠になるにつれ、友情は別としてこの「御三家」もばらばらになっていった。

人の心の弱さがなせるわざ――こんな結論をつけられても仕方がない。

女傑・松本フミ

松本フミといっても現在、この人の名前を知っている人は、ほとんどあるまい。明治の末から大正にかけて、政治家の卵の溜り場だった神田・松本亭の女将である。私も書生時代に七年間もお世話になったが、男勝りの気ッぷのいい女性であった。現在は靖国神社近くで余生を送っているが、ときおり私のところにも遊びに来てくれる。八十余歳の高齢とは思えぬ元気さで、五十年昔そっくりにいまも「天下国家」を論じるあたり「すずめ百まで踊りを忘れず」の感を深くする。

この松本亭は、いまの中央大学の一隅にあって犬養木堂はじめ国民党の連中が出入りしていた。木堂は、この女将の気ッぷを好んで「竜吟窟」と命名した。関羽ヒゲを生やした支那浪人の佐々木照山などの姿もよくみかけたが、木堂の関係で国民党の面々の巣になっていた。その後この松本亭には、大正元年の憲政擁護運動をきっかけに、私などが参加した「都下大学憲政擁護連盟」が置かれ、政友会の連中も溜りにするようになった。

日本新聞の記者だった古島一雄さんが、代議士になるとき物心両面から、この女将は援助したほどで、「溜り」に出入りしていた政治家志望の青年は、ほとんどといってよいくらいに彼女の世話になった。この私もその一人で、松本さんの助力なしでは今日の私はなかったと思っている。

私同様に院外団にいた土倉宗明、藤井達也、深沢豊太郎も彼女の援助で代議士になった人達だ。政治が好きだけでなく、この男は将来見込みがあると思うと、徹底的に支援した。犬養木堂もおりにふれ「松本の女将が男だったら、大政治家になったものを――」と感慨を漏らしていた。私も全く同感である。

彼女も、女性であるからにはご亭主もおり、三人の子供までいた。男勝りの人だけにご主人の方が影が薄く、私が下宿をしていたころは別居生活のようだった。

三人の子供のうち、男の子は厚生大臣をやった小林英三君の娘さんと結婚、二人の娘は三重県出身の代議士の息子の兄弟に、それぞれ嫁いでいる。

この松本亭の下宿人の変り種の一人に、浅原健三君がいた。そのころは日大の学生で徹底した右翼だった。ところが、ひとたび郷里の福岡に帰ると「熔鉱炉の火は消えたり」の名文句とともに、最左翼に飛躍してしまった。両極端は相通ずるとか。これは真理のようである。

女将がこんな調子だから、使用人にも毛色の変ったのがいた。その一人に「お市」という女中がいた。年齢は私らと同じ二十二、三歳。勝気だが親切に面倒をみてくれた。

松本亭の下宿代は一カ月十五円、私はロクに払ったことがないが、夕食にはいつもお銚子が一本ついた。夕方、党本部から帰ってくると、お市が夕食をだしてくれる。ちょうど女将がフロに入る時間だ。鬼のいない間にと、お銚子一本を大急ぎで飲み「お市、もう一本頼む」といえば彼女はいやな顔もせず「あいよ」と、何本でも持ってきてくれた。もちろん、帳場には一本しかつけていない。

私が市ヶ谷監獄に入っていた間、差し入れ弁当は、いつもお市が女将の命で持ってきてくれた。ある日、弁当箱を開けてみると、私の大嫌いなラッキョとヌカミソの漬け物が沢山入っている。「お市の奴、気の利かんやつだ」。私がラッキョ嫌いなのは知っているくせに、今日に限ってどうしたことか。独りでぶつぶつ不平をいいながら、ラッキョと漬け物をハシでつまみ出していると、高野豆腐が下からでてきた。

ずるずると高野豆腐を引き出して驚いた。プーンとウイスキーの香りがする。酒好きの私に飲ませようと、高野豆腐にウイスキーをたっぷり浸み込ませてある。「お市の奴、弁当箱からウイスキーの香いがするのを防ぐため、わざと漬け物を入れたのだな」。やっと事情がわかったとき、目頭がジーンと熱くなった。

　こう書くと、いかにもお市と私と何かあったみたいだが、なんの関係もなかった。ささいなことでお市とケンカ口論もよくした。彼女は黙っていない。

「伴ちゃん、そんなことというのなら私から借りた電車賃、いますぐ返して――」

「ああ、いくらでも払ってやる。一体、どのくらいあるのだ」

　こうなると売り言葉に買い言葉。懐中一文もないのだが、こちらも意地だ。

「四円五十銭よ。今日中に返してよ」

　お市は、私が金を持っていないことを知っているので、わざと期限付きでいじめようとする。

「よしきた。一時間以内に払ってやるぞ」

　啖呵《たんか》を切ったものの、私は文なしだ。自分の部屋に質草でも探そうと戻ると、女将の長男の子守り婆さんがあとからやってきて、

「伴ちゃん、男のくせにお市なんかにバカにされるなんて、なんです。これで、さっさと払っておやり」

きんちゃくからくしゃくしゃくしゃになった五円札をだして、私に貸してくれる。それをおしいただいて台所に引っ返す。

「お市、金ならいま払ってやるぞ。釣りの五十銭は利息にとっておけ――」

「あら、伴ちゃん。お金を持っているんだね」

「当り前さ。男は五円や十円くらいの金はいつでも持っているものだ」

子守りばァさんから借りた金とは知らず、びっくりしているお市にむかって、胸を張ったりしたものだ。

思えば、ふるきよき時代であった。

第七章　私の素顔

待合政治論

松本フミさんに限らず、料亭の女将には女傑が多い。海千山千の男どもに酒を飲ませ、楽しい雰囲気をかもしだす社交術をそなえているだけあって、男にしたら政治家の素質十分と思う女将に出会うことが、しばしばだ。

といっても現役の新橋、赤坂、柳橋の女将論を披露するには、多少さしさわりがある。無難なところでは、有田八郎君と離婚して話題をまいた畔上輝井さんは、確かに〝女傑〟の一人であろう。

若い頃のことは知らないが、戦前赤坂で三河屋という料理屋を開いていたころ、よく食事に行った。戦争中、この店を売って麻布の「桂」を買い、終戦間もなくこの「桂」で大いに稼いだようだった。

そのうちに、ご主人の有田八郎君が社会党入りをするとかで、彼女もひどく悩んだようだ。あるとき、彼女は私にこの苦衷を訴え「先生、主人をなんとか説得して入党を思いとどめて下さい」。さすがの女将も、これには困り果てたようだった。私はこう返事をした。

「君のいうことを聞かないくらいなら、他人の私がいったってダメだよ」

その後のいきさつは衆知のように、都知事選挙に再度破れて、ついに離婚。般若苑を再開したわけだ。

さて料亭と政治家の縁は昔から深く、戦前、政党政治の華やかだった原先生の時代が、その絶頂ともいえよう。政治家の会合はもっぱら新橋、柳橋が中心で、原先生は新橋の花蝶、鈴木善三郎総裁は柳橋の柳光亭といった具合だった。いわゆる赤坂村が政治家の会合にひんぱんに使われるようになったのは、ずっとあとのこと、昭和の初めと記憶している。赤坂村がこのように盛んになったのは、国会のすぐ裏手、つまり地の利を占めて便利だったからだろう。

世間では私たち政治家が料亭に集って政治を論じると「待合政治」と非難する。この非難、どうも私には的はずれの意見としか受けとれない。終戦後の日本には、芸者とお客が泊る待合は存在しない。日本料理を食べさす料亭しか営業を許されていない。私たち明治生まれの人間には、タタミの上にすわり、食事をともにする方が気持も落着くし、話し合うのにぴったりした雰囲気となる。

政治上の意見の相違で、テーブルをはさんで目くじらをたてて論議することも必要だが、政治——とくに民主政治は、双方がお互の立場をある程度認めて「妥協」することも、大切なことではあるまいか。

それには、党本部や国会の席上で、しかつめらしくしていたのでは、まとまる話も時間がかかる。食事でもしながら、なごやかに語り合ってこそ、お互も納得できようというものだ。

今日の若い人たちは洋式の生活に慣れているから、若い人たちが政界の第一線に立てば、ホテルやバーの方が「話し合うのに都合がよい」ということになるだろう。

それだけの理由で、私たちは料亭を使うだけである。第二次岸内閣のゴタゴタつづきのおり、益谷秀次、林譲治の両君と赤坂の料亭で会合したときのことだ。カメラマン諸君がドヤドヤ押しかけ、店の者と「待合政治をやっている場面を写真にとらせろ」と、押問答している。

ふすまを開けてみると、老人三人が食事をしているだけなので、カメラマンたちも拍子抜けしたらしい。

「先生、芸者はいないのですか。これでは待合政治になりませんな」

と引き揚げていったが、このとき私は戦時中に訪ねた仏印のアンコールワットのトム宮殿の遺跡を思い出していた。そこには大きな池があって、中央にはヘビがからみあっている見事な石像がある。その昔、この池のほとりで宴会をひらき千人、二千人の美女を裸にして泳がせて、気にいった美女をその夜、寝室にはべらせたという。文字通りの酒池肉林の世界で、王様はその狂宴にあけくれながら、政治を行なっていたわけだ。

これほどまでの連想があるとは思わないが、酒池肉林のなかで政治を論じるのが、待合政治くらいに、一般の人は考えているようだ。だからこそ、「芸者はいないのですか」のカメラマン氏の質問となるのだろう。

料亭で政治を論じる場合、私たちは決して芸者を呼ばない。そんなことをすれば会談の秘密が漏れてしまう。考えてみると、料亭で会合するのは政治家だけに限らない。作家や学者など私たち政治家の料亭通いを白い眼でみがちな人たちも結構、使っている。文学賞の選考なども料亭でやるようだが、私たち流にいえば「待合文学賞」となる。世間がなんといおうとも、料亭での会合が衰えをみせないのは、日本人の生活や習慣に深く根ざしているからだ。それなりの効用のある「待合政治」は大歓迎。非難は当るまいと思う。

仏像物語

私には、一種の蒐集癖がある。いまから四十年前、ふとしたことから仏像を入手したのがはじまりで、その後虎に転向、いまでは家中、ところ狭しと虎の蒐集で一ぱいである。

仏像の蒐集は、院外団時代に奈良県の補欠選挙の応援に行ったおりにさかのぼる。旅館からぶらりと散歩にでた私は、猿沢池の傍らで一軒の骨董屋をのぞいてみた。店頭の品物を眺めていると、一本の仏像が目に止まった。手にとってみると愛染明王である。信心など縁の薄い私だが、どういう風の吹きまわしか、この仏像がやたらにほしくなってしまった。店の者に値段を聞くと百五十円。私の出張日当が一日十円で、十三日間の滞在だから、酒もタバコものまずにいても百三十円にしかならない。

「まことにすまんが、百円にまけてくれ」

「冗談じゃない。それでは、こちらが元値もとれませんよ」

ケンもほろろに断わられてしまった。こうなると妙なもので、どんなことがあっても手に入れたくて仕方がない。東京に帰るまで、毎朝起きがけにこの骨董屋に日参してでも入手しようとの〝悲願〟をたてた。

日当を貯めるために、好きな酒も我慢して毎日のように骨董屋参りをはじめた。ちょうど一週間目の朝、店の主人がでてきて、

「書生さん、あなたの熱心さに負けましたよ。お譲りします。これも仏さまのご縁でしょう」

思いがけない言葉でちょっと信じられない、「本当ですか。百円でいいんですか――」。

なんべんかダメ押しをした。「大事にしてくださいよ」という主人の声をうしろに、私は仏像を抱いてワクワクしながら宿に帰った。

かくて選挙後、この仏像を意気揚々と東京に持ち帰ったら、下宿先の松本亭の女将がびっくりした。

「大野さん、こんな古い仏様を買ったりして――。女郎や芸者を買ったというのなら話がわかるけど――」

「どういうわけか、自分でもわからん、とにかく見た瞬間に欲しくて、欲しくてしようがなかった。無理をして買ったよ」

女将は私の言葉を聞くと「アハハ……」と笑いながら、ポンと私の肩をたたいて「伴ちゃん、いやだよ。いまどきの若さで仏様いじりなんて――」。

しかし、私にとってこの愛染像は宝だった。関東大震災のとき、ぐらぐら揺れるや、一番最初に持ち出したのが、この仏像である。

これが〝病みつき〟でその後、旅行のたび目についた仏像を片っ端から買い求め、二、三百体にもなったろうか、これを家中にならべて、朝夕眺めるのが楽しみだった。

ところが昭和十五年、私の母が上京して来た。その時家の中の仏像をみて「お前の家はお寺さんのようだ。どの部屋にも仏様が置いてあるが、俗人が仏像をおもちゃにすることはよくない。きっとバチが当るから一日も早く人に分けるなり、お寺さんに納めるかしなさい」との厳命である。私が骨董品なんだからと説明をしてもがんとしてきいてくれない。

そこで涙をのんで津雲国利君ら知人に分けてしまったのだが、この愛染明王の像だけはどうしても手離せない。母の言葉には何事も従ってきた私だが、このときだけは愛染明王の像をこっそりかくしておいた。

戦後の昭和二十一年、第一次吉田内閣のとき、大蔵大臣だった石橋湛山君が訪ねてきた。応接間にある虎のコレクションをみていた彼は、「この沢山の虎がどんなに貴重なものか、僕にはその価値はわからん。しかし、ただ一つわかるのは、愛染明王像だ。この仏像にまさる虎は、おそらくないだろう」と部屋の一隅に安置してある愛染明王を指さし、しきりに感歎した。そのあげくに石橋君は、私がこの仏像の価値も知らずに所蔵しているとみたらしい。「大野君、君はこの仏像が誰の作品か知っているのか」。

いわれてみると、私も知らない。残念なことに銘が打ってないのだ。しかし、知らぬといっては面白くない。

「うん、知ってるよ。運慶の作と伝えられておる」

湛山和尚は、呵々大笑して、

「やはり、君は知らんな。足利時代に運慶は生きていなかったよ。これは足利仏だ」

なるほど、運慶は鎌倉時代の人だ。さすが僧籍に身をおく石橋君だけのことはある。一緒になって、笑っているると彼は急に真顔になり、

「これだけの仏像、どうやって手に入れた」ときく。

そこで、若き日の私が酒もタバコものまずに買い求めたいきさつを物語ると、石橋君大きくうなずいて、

「なるほど、それこそ仏縁というものだよ」といった。

これほど石橋君にほめられた仏像だが、ついに手許から放すことになった。というのは、石橋君の訪問から二年後、昭電事件で無実の罪を問われた私は、それ以後健康を害したり不運の連続だった。

家族は、私にきっとこの仏像のたたりだからどこかのお寺に納めた方がいいと、しきりにすすめる。それでも手放す気になれず聞き流していると、ある日民主党の鈴木明良君がひょっこり訪ねてきた。

鈴木君とは党派も違うので、親しい交際もない。何事かと応接間に通すと「大野さん、実は最近、信州戸隠山の行者姫野公明という人が私のところに電話をかけてきました。夢のお告げがあった。大野先生には仏様のたたりがある。きっと家の中に仏像があるに違いない。その仏像をお寺に納めない限り、大野先生の不幸は絶えない。至急、このことを大

野先生に教えてあげて下さい、というのです」。

話を聞いて、私もいささかうす気味が悪くなった。この鈴木君は私が愛染明王を所蔵していることは、全く知らないはず。行者のお告げとやらも、まるで私の家を見通したように的中している。それまで仏像の祟り説を一笑に付していた私も、少々真剣になってきた。

そこで、母の言葉にも手放さなかった愛染明王を、とうとう家内の父と私の母の分骨してある中野区大和町の蓮華寺にあずけることにした。そのためでもあるまいが、私の健康も次第に回復、やはりお寺に納めてよかったと家族とも話し合っている。

ところが、鈴木君がしばらくしてまた訪ねてきて、前回の戸隠山行者の別のお告げを持ってきた。「大野先生の家のどこかに、石の仏像があるはず」――というのだそうだ。私の現在の家は、元海軍大将の大角岑生氏の家。終戦後に入手したものだが、行者のいうような石像は心当りがない。しかし鈴木君は、この前の件もあるので自信たっぷりに、

「なんでも、昔は朝夕にお参りしていたらしいが、大野先生の代になってからそれを怠っているという話でした。一日も早く探し出してお水を差し上げるようにというのです」

そこで、家内を呼んで確かめると、

「はい、三、四日前に地下室の倉庫から書生がウイスキーを取り出そうとして懐中電灯を照らすと、片隅に仏様があったそうです。書生には『さわらぬ神にたたりなし』というか

ら放っておきなさいといってあります」

鈴木君はこれをきいて、

「行者のいう石像とは、まさしくそのこと——」とひざをたたいた。

これには私も思わずうなった。一度ならず二度まで、家の主が知らぬことをいい当てる。はじめは迷信だよと笑っていた私も、いささか神妙にならざるを得ない。

「鈴木君、君の聞いてきた通りだね。その石像をどうしたらいいんだろう」

「行者のいうには、水と塩で清めよというのですが——」

早速書生に命じ、塩を一升ほどふりかけて清め、水で汚れを落してみるとなかなかの逸品だ。彫りといい、仏さまの座った姿といい、日本のものには見受けられないよさがある。察するに、この家の前の主人大角大将が軍艦でシナかインドに寄港したときにでも買い求めたのであろう。

後日、この話を大角大将のもとに出入りしていた新聞記者出身の某君にきくと「大角さんのところに石像のあったのは覚えています。毎朝、コップに水を入れて大角夫人が供えているのを、思い出します。あの石像がこれなのですね」。まことに感慨深そうにみていた。

そのうち戸隠山の姫野公明さんが上京のおり、私の家に立ち寄ってこの石像にゴマをたいてお祈りをしてくれた。「これで大野家も万々歳です。この石像を守護神にあがめて毎月一日と十日の両日、赤飯をたいて、お祀りしなさい」とのこと。せっかくのご親切だが、どうも私には信仰心が足りないとみえて、お参りを怠けている。その代り、家内が朝に夕に、熱心におがんでいるようだ。

虎と私

この「仏像物語」とは別に、戦前友人の小林徳一郎さんから、一包の郵便物が届けられた。開けてみると、黄金の虎二頭が入っている。朝鮮の李王家から出たものとか、逸品である。この虎の像をじっと眺めているうちに「そうだ、寅歳生まれなのだから、これから仏像蒐集をやめて虎集めに、力を入れよう」と考えた。

私の蒐集癖は仏像集めから一変して〝虎狩り〟となったわけだ。宴会にいっても、芸者の帯に虎の刺繡をみつけると「おいその帯を分けてくれ」というほど熱心になった。

昭和十八年、私が翼賛選挙で落選、浪人中に大垣市にいる実兄から一通の手紙がきた。米原駅近くの小学校の前にある骨董屋に、とても立派な虎がある、ついでの折に立ち寄ってみたらどうかという。虎一頭仕止めるのに、米原まで汽車賃を払って行くほどでもないと、機会をみているうちに八月ごろ、大垣市にいる友人から便りがあった。「郷組」という大垣の土建業者で当時、福井県芦原の陸軍飛行場を請負ってちょっとした景気だった。

私や林譲治君が翼賛選挙に落ちてがっかりしているのを慰めるためにゆっくり工事場の福井まで遊びにこないか、との誘いだった。

どうせ東京にいても、軍部全盛時代で私たちの考えが政治に反映するわけでもない。好意に甘え福井の芦原温泉で、ゆっくり湯につかって英気を養うのもよかろうと、林君と一緒に東京を発った。

翌朝六時、米原駅に着いたが、北陸本線に乗り換えるまで約一時間半も待たねばならない。駅長室で休んでいるとき、兄の便りにあった骨董屋の件を思い出した。

ちょうどいい機会だ。林君を残して改札口をでた。駅前広場を横切ったところになるほど骨董屋がある。店先で若妻らしい女性が朝の掃除に精を出していた。

「お早よう」。あいさつしながら店内をのぞき込むと、なるほど大きな鉛の虎がデンとかまえている。

「この虎は売り物ではないのですか。非売品の札がかかっているが――」

「はア、父さんがそうしたのです。いまラジオ体操に行っておりますが、すぐ呼んできますわ」

掃く手をやめたその女性は、小走りに父親を呼びに行った。やがて店の主人らしい男が、愛想よく姿をみせた。

「ご主人、どうしてこの虎を非売品にしたのです。なかなかの品なのに——」

するとと主人は、

「迷信だと笑われるかも知れませんが、この虎にはこんないきさつがあるのです」

その語るところによれば、この虎、彦根城跡にある料理屋「楽々園」といういまもある古い店のものだった。その店の先祖が、彦根藩の老中井伊掃部頭から拝料して代々、家宝としてきたが、戦争がはじまり、全国的に金属供出運動が展開されるや「楽々園」の主人は、真っ先にこの虎を供出した。しかし、係員の方がこれだけの美術品をつぶすのは惜しいと、返却したのだが、店の主人もガン固者で、一たん家をでた虎は持ち帰るわけにはいかないと突っぱねる。

係員と店の主人が「返す」「受けとらぬ」で言い争っているところへ骨董屋が居合わせ、店に引きとることになった。

ちょうどその日に主計中尉だった、骨董屋の長男に赤紙がきた。そこで息子が「お父さん、この虎は僕が帰国するまで手放さないで——」と、いい残していった。

「お客さん、そんな次第で売り物にすると、伜に弾が当るかも知れないので、出征の日から非売品の札をぶら下げることにしました」

戦地に出かけた息子の願いで、父親として売る気になれないのはもっともなことだ。父親の気分は理解できるが、これほどの逸品になると、万難を排してでも入手したくなる。蒐集マニアの心だろう。

「ご主人、千人針とか虎の手拭いを身につけると弾に当らないなどというが、みんな迷信ですよ」

冗談まじりに主人を〝口説く〟つもりで、やんわり話しかけると、「店先ではゆっくりお話もできません。どうぞお上り下さい」ということになった。

お茶がでて、主人と向い合って座ると、彼は私の顔をのぞき込むようにしげしげ眺めている。

「お客さんは、ここの小学校で演説されたことはありませんか」

「うむ、あるよ」

「では大野伴睦先生ですね。実はさきほど店先で掃除をしていた息子の嫁も、先生の選挙区の関ヶ原の出身です」

この年の春、この町で衆議院議員の補充選挙があったので、政友会系の服部広吉君の応援演説にきたことがある。競争相手は東方会の代議士で、中野正剛の子分の田中某君だ。服部苦戦の報で、反対党の田中某君を攻撃するため、私は派手な舌戦をくりひろげたものだ。

そのときのことを、この店の主人は覚えていたので、親しさを増した。話ははずむし、二人の間は大いに打ちとけてきた。

「――ところで先生、どういうわけでこの虎が欲しいのですか」

「虎に関する美術品は、片っ端から集めることにしている。この虎も、なんとか手に入れたい、さっきからそのことで頭が一ぱいだ」

しばらく考えこんでいた主人、

「そうですか。それほどまでに熱心に集めておられるなら、戦地の息子に無断ですがお譲りしましょう。いずれは売らねばならぬ品物ですし――」

これを聞いて、私は飛び上るほどうれしかった。値段は当時の金で五千円。

「それではここに、三千円ある。福井からの帰りがけに残金二千円を払う。荷造りをしておいてくれ」

やっと虎を射止めた私は、心も軽く林君の待っている駅長室にもどった。「大野君、どこへ行っていた」。いつの間にか姿を消した私に、林君はやきもきしていたらしい。ほどなく乗り換えの列車も到着。車中でこの〝虎狩り〟のいきさつを話したところ「ほ、ほう」。林君は目を丸くしていた。

帰りに再び米原駅前のこの骨董屋に残金二千円を届けに立ち寄ると「品物は先生のお宅

へ送っておきました」という。帰京すると、大きな荷物が庭先に置いてある。家族の者は私の顔をみるなり「一体、何を買ったのですか」の質問だ。さっそく、荷をほどいて家の中へ入れようとしたが、ひとりでは持ちきれない。数人がかりで、やっとのことで運び込んだが、店の主人のいう重さ五十貫も、本当のようだった。

この虎、幸いにも戦災に会わず東京で終戦を迎えた。菅原通済君が訪ねてきたおり、これをみて何を考えたのか、やぶから棒に、

「大野さん、この虎を百万円で私に譲ってくれませんか」

「百万円だって？　それはまたどうして——」

物知りの菅原君の話によると、諸大名は幕府に内密で金をたくわえるのに苦心した。金があると幕府ににらまれたら最後、土木工事や神社仏閣の改修を命じられ藩の財力をつかい果されてしまう。そこで、諸大名は床の間の置物などに、こっそり金をかくしたものだという。

「なるほど、この虎の中にも、金《きん》がかくしてあるというわけですね」

「そうです。都合のよいことに金と鉛は、ほぼ同じ比重。この虎も鉛づくりだから、重さの一割見当の金が、腹中に鋳込んであるはずですよ」

「この虎の重さは五十貫だ。すると約五貫の金があることになる。金一匁はいま三千円の

相場だから、一千五百万円の虎ということですな」

「僕が百万円で買うというわけがおわかりでしょう」

やっと菅原君の〝深謀遠慮〟がわかり、思わず二人は顔を見合わせ「アハハ……」と笑ったものの、気のせいか虎がいままでよりも立派にみえる。

「僕が百万円でこの虎を買い、腹を割いて五貫目の金がでたら、その分は二人で山分けすることにしては、どうです」

なおも熱心に菅原君は口説くが、こうなると惜しくなる。

「金が腹にあると思っているだけで結構ですよ。万一、腹から金がでてこないとせっかくの夢がこわれてしまう。夢のあるところが楽しみです」

菅原君の熱望も、このようにしてテイよく断わってしまった。

菅原君の訪問後、間もなく名古屋で金属類の会社を経営している知人が来たが、用件を終えると「先生、余計なことのようですが、この応接間の虎を売りに出されてはいかがですか」。さては菅原君と同じように、金の延べ棒がかくされていることを知っているなと感じたので「いや、君に損をかけるのは心苦しい」と懸命に予防線を張った。相手も熱心で「先生、わたくしは戦時中に金属類の売買で成功したのですから、金属を見る目に狂いはありません」。どうしても譲ってくれというのだが、もちろんお断わりした。

また、こんなこともあった。

知り合いの鉱山技師が来訪、この虎の表面を鉱物用のメガネで、じっと調べていた。やがて、

「これはすごい置物ですな。虎の表面にでている金の模様は、金箔ではありませんね。金粒を鋳込んでありますす」

「腹の中に、金の延べ棒が五貫目も鋳込んであるという人もあるが、本当かな」

「金箔の代りに金粒を使ってあるくらいです。金の延べ棒説もまんざら荒唐無稽ではありますまい」

このご託宣で、私はすっかりうれしくなってしまった。金属専門家の言は、どの人の話も一致している。そこで私の友人たちはしきりと、虎に切腹を命じよのさいそくだ。私も五貫目の金の延べ棒を、この目で見とどけたい気持は大いにあるが、さりとて夢は破りたくない。

二の足を踏んでいると、ある知人はアイソトープによる科学的方法で、腹を割かなくても調べられるからどうかというが、金があるとなったら税務署が黙っていないだろう。

それを思うと、この虎はもう少し、このまま応接間に蟄居させておいた方が無難である。

私の〝虎狩り〟は名画にまで及んでいる。そのひとつを紹介すると――。

私は明治、大正、昭和を通じて虎を描かせては、日本一という大橋翠石の虎の屏風を持っている。これを射止めるまでに十数年の歳月をかけた。

この屏風は、はじめ鳩山先生のもとにあった。戦前、先生のお宅へいくと見なれない屏風がおいてある。翠石の作である。

「先生、この屏風はどうして入手されたのですか」

「会社を経営している僕の友人が、どうしても金がいるというので、若干の金を貸した。彼は抵当としてこの屏風を置いていったが、その後、友人が死んで、僕のものになってしまった」

側によってみればみるほど、この屏風が欲しくなってきた。いつか必ずわが家に連れてくるぞと、先生の話も半ばきき流しながら、虎をみつめていた。

そのうちに、やはり鳩山門下で私の友人の森田福市君が東京・大井町に豪壮な邸宅を新築した。広島県出身の金持ち代議士だったので、能舞台や金閣寺を彷彿さすような茶室までそなえて、ゼイを極めていた。

この新築披露に、森田君は鳩山先生と私を一夕、招待した。先生は、

「森田君が家を新築したそうだ。何か祝い物を贈らねばなるまい。大野君はどうするつも

りだ」

「私のような貧乏人が無理算段をしても、彼は決してよろこばないでしょう。手ぶらで招かれるつもりです」

「それもそうだな。だが、僕は君のようなわけにいかない。橋本関雪の鶴の屏風でも贈ろうかと考えているが、どんなものだろう」

このとき、私の脳裏をかすめたのは、翠石の虎の屏風のこと。この機会に音羽の山から虎を引きおろさないことには、いつまでたっても、わが手には入らない。

「先生、関雪の屏風より翠石の虎の方が、森田はよろこぶでしょう」

「それは、どういうわけかな」

「森田と私とは同い年の寅年の生まれ。そこで虎にちなんだ品物をもらうと、人一倍うれしいだろうと思うのです」

自分のいいたいことを、森田君にことよせていうと、そこは人のいい鳩山先生だ。

「森田君が喜ぶというのなら翠石の屏風にしよう」

その後、空襲が激しくなり、森田君は選挙区の広島県比婆郡東条町に家財を疎開、例の虎も他の品物とともに広島に戦禍を逃がれた。昭和二十年、大井町の彼の邸宅は焼夷弾で焼け、上京のときには私の家に泊っていた。終戦間近の八月四日、森田君と軽井沢の鳩山先生の別荘で会う約束をしたが、彼はのっぴきならぬ用事で広島市にもどり、四日の約束はフイになってしまった。そして六日の原爆で彼は死んだ。

一年ほど経って森田未亡人が上京。私のところに訪ねてきた。

「実は鳩山先生からいただいた翠石の屏風も、主人が死んだ今日では、もっていても仕方がありません。ついては鳩山先生にお返ししたいと思うのですが、おとりつぎ願えませんか」

「冗談ではありません。あの屏風は鳩山先生から新築祝いに、森田君がもらったのです。返す必要は全くありません。ただ、お宅においていても必要がないのでしたら、この私にお譲り下さい。形見分けにもなり、森田君もよろこんでくれるでしょう」

こうして音羽の山の虎は、十数年を経てようやく大野邸に捕えられたのである。これは私の虎狩りのなかで、時間のかかった代表的なものといえる。

このほか、富士精密社長の団伊能君に一ぱい飲みに行こうと誘われ、ついて行くと先方の料亭に、すばらしい円山応挙の虎の絵がかかっている。「これはすばらしい。垂涎まさに三千丈、低徊去る能わずだね」とつぶやき、この応挙の絵を前にして杯を重ね酔っぱらってしまった。翌朝、目が覚めてみると、この絵がわが家においてある。まさか酔った揚句に無断で持ってきたわけではあるまい。あまり私が熱心にみているので団君が贈ってくれたと家の者にきいて驚き、かつ喜んだ。

久原房之助さんからはシナの牧渓の虎の図をいただいた。二十七年八月私が衆議院議長に就任したお祝いに、くだすったものである。この牧渓の図はその昔、秀吉の朝鮮征伐で海を渡った小西行長が持ち帰り、毛利家に献上したもの。戦前、久原さんが毛利公からゆえあって譲られた。久原さんは他日天下をとったおりに、首相官邸の自分の居間にかかげようと、今日まで愛蔵してきたが、この夢も今日ではははたせそうにない。そこで、政界の第一線に活躍する大野君に贈り、今後の活躍を念じる次第であるといって、わざわざ届けて下さった。その道の権威にきくと、この牧渓の作品は時価一千万円に近い傑作だそうである。

このほか、虎の模様のある刀の目釘や鍔まで集めている。変ったのでは、幕末の仙台藩士で、寛政の三奇人林子平が幕府の忌諱に触れ、獄に投じられた際、牢中で暇にまかせて彫ったという木彫の「母性愛の虎」がある。子虎を抱いた母虎の姿が、まことによくできている。

自慢の品は渡辺崋山の「風雨の虎」や宗達の虎と、いくつかある。こうした立派な虎美術品を集めることのできたのは、ひとえに友人、知人の親切心の積み重ね。独りわが家の蔵に納い込んで子孫に伝えたところで、どこまで大切にしてくれるか、わからない。それより、これだけの逸品を一堂に集め、一人でも多くの人々に見てもらい、楽しんでもらった方が、はるかに有益である。そこで数年前から、この虎美術館構想を練っていたが友人の遠藤健三君がなにかのおりに、泉岳寺の住職に私の美術館構想を話したらしい。すると住職が「それは結構な考えだ、幸い境内に土地があるから――」と敷地の提供を申し出てくれた。また原健三郎衆議院副議長のあっせんで浅草寺の境内に……という話もある。どちらかに決まれば、あとは建築費を天下の浄財に仰いで、たちどころに美術館は出来上ると楽しみにしている。この建物が完成し、私の蒐集品を陳列すれば、世の虎蒐集家が「それでは僕の逸品も――」と、持ち寄り、いっそう盛大な美術館となることだろう。私の夢は、次々と発展。法人組織にして近い将来に、なんとか開館したいものと準備をはじめている。美術館の名称は、「伴虎館」にする積りだ。私の名前「伴睦」の「伴」をとったわけだ。友人の一人が、この「伴虎館」説に対して「大野さんの案もいいが『万虎館』もしくは『珍虎館』なんていうのもまんざらでもないですよ」と茶化すので一同抱腹絶倒したものだ。

母のおもかげ

子供のときから兄弟中で私ぐらい両親、とくに母を泣かせたものはあるまい。村一番の悪童だったので、手におえないいたずらばかりして母を困らせた。

六つか七つぐらいの時のこと。季節は秋。家の近くの天笠野という野原は一面の枯草で、火をつけるとパッと気持よく燃えあがる。これを羽織で叩いて消すのが面白く、悪童連の遊びのひとつだった。

母は私にいつもこの遊びを絶対にしてはいけないと、いっていた。しかし悪童が何人か集まると、そういうわけにいかない。火をつけたところ悪いことに風が強かったので、辺り一帯に燃え移ってしまった。羽織で消すどころではない。村の人が煙をみて「山火事だ」とかけつけてくる。見付かったら大変と、私たちは山の中へ逃げ込んだ。

何時間かたってあたりは次第に暗く、お腹も空いてきた。帰れば叱られるに決まっているが、しん棒出来ず、こわごわ家に帰ってみると、玄関口に母が立っていて「いいつけを守らない子は家に入れない」と許してくれない。近所のおなかさんというおばさんがあやまってくれて、夜の九時ごろようやく家に入った。いったん許すと母はくよくよ小言をいわない。「お腹がすいたろう」と、いつでも食べられるように支度してあった膳を出してくれた。母親の愛情を、子供心に強く感じたものである。

また、ある夏のことだった。母が川で洗いものをしていた。いつもより水かさが増していたので、「泳ぐのがこわいな」と、私がつぶやいた。母はこれを聞きとがめ「向う岸まで泳げんで、どうするかい。男じゃないか。おっ母さんでも泳いでみせるよ。見とってやるから、泳いでみい」ときつい調子だった。こわかったが夢中で泳いだ。なんでもやる気になれば出来る――と母は教えたかったのだろうし、それが母の気質でもあった。

といって、無理ばかりを強いる母でもなかった。家のすぐ下に、葛原川という小川が流れ、岸ぞいに栗林があった。秋にはたわわに実のるのだが、大部分は川に落ちてしまう。そこで私たち子供は、親には内緒で川に潜って栗を集めるのが楽しみだった。これをある朝、母にみつかってしまった。「栗が欲しければ、いくらでも買ってあげる。この寒いのに、カゼを引いたらどうする」。自分を大切にすることを教えてくれた母であった。

父は初め村の収入役、次に助役、そして村長と、通算四十年、村のために尽したが、家のことはお留守。きょうは郡役所、明日は県庁と家に落着いていることがなかった。私の家は呉服屋で古着も扱っていたが、これは母一人で切り回していた。母はいろいろやりくりして、独り家計を心配したが、赤字につぐ赤字で親類その他からの借金がかさむ。ついに、親族会議が連夜のように開かれた。「こんなことでは大野の家もダメになる。われわれの貸した金はどうしてくれる」と憤激する者。「村の為ばかり考えて走り回るのもいいが、少しは一身一家のことも顧みたらどうか」と父を責める者もいた。ご本尊の父はさることながら、母もつらかったに違いない。

親戚には万事ひかえ目だった母も、ある晩ついに怒りを爆発させた。

「借りた金を返したらええんじゃろう」

母の剣まくに「そんなことといって、返せるのか」と、親戚の中にはけんか腰になる者もいたが、どうしても返してみせると、母はいい張る。父は心配になって、

「そんなことといって、どうして返す気や」

「家屋敷、畑の一切を処分したら、五千円や六千円の借金は返せる」

「そんな無茶いったって、それじゃあご先祖に申し訳けない」

「何が申し訳けない。あんたが道楽して使ったわけでもないし、相場で損をしたわけでもない。村のことを一生懸命やって、報いがこうなったのだ。恥じるところはない。屋敷も売りましょう、畑も売りましょう」

父は返す言葉もなく、母の考え通りにすべてを処分して借金を残らず返済してしまった。

そこで、一家は祖父母の隠居所になっていた天高神社のそばの、小さな家に引き移った。

母は私たち子供には「こんな小さな家では肩身がせまかろう。すまない」と謝るばかり。

「ええやないか、僕らが大きくなったら、また好きな家を建ててやる」

子供たち一同、しきりに母をなぐさめたが、母は「自分たちが意気地がないからだ」と泣いてわびた。子供ながら、母が可哀想で、一人前になったら、なにはさておいても、家

を建てて慰めたいと決心をした。いまから十年前、この念願はかなって、元の家の地所に田舎では恥ずかしくない家を建ててあげることが出来た。母は涙を流してよろこんでくれた。

母は神主の娘だから神道だったが、父の家は日蓮宗なので、嫁いでからは万事、仏式でやっていた。しかし、自身では神道信心は捨てていなかった。

私が第一回目の胃潰瘍を患ったとき、母はこっそり木曽の御嶽山へ願をかけていた。病気が全快したおり、願かけのお蔭だから、来年の夏には御礼詣りするようにと言われて、はじめてこのことを知った。母のいいつけだから放っておけず、木曽福島まででかけてみると、聞きしにまさる峻嶮で登るのは容易でない。申し訳けないが代参ですますことにして、私は山元の料理屋で酒を飲んでいた。やがて代参が絵はがきやお札をもってきたので、胸突き八丁とか、背高童子など母にたずねられても困らない程度の話を仕込んで、郷里に帰った。

「御嶽山へお礼詣りしてきたよ」と母に報告すると「そうか、それはええことをしてくれた」まではよかったが、「山はどうだった。三の池にはまだ雪があったかね」と矢つぎばやの質問だ。「さあ、雪はなかったなあ」と、とぼける。「胸突き八丁はどうだった」「やあ、それはえらい難所だった」など、なんとかうまく胡魔化したつもりだった。

「それはよかった。ええことをしたなあ」。母も満足そうなので、安心していると翌朝、母に起こされた。見ると、真白な着物で鉢巻をしめ金剛杖を持って立っている。ぎょっとして「どこへ行く」と飛び起きた。

「わしァこれから御嶽山へお詣りにいってくる。お前が神様を瞞したからだ。母は瞞してもええが、神様は瞞されんぞ。お前は代参を立てて、わしを安心させたんだろう。何もかもわしは分っている」

さすがの私も何もいえなかった。

「神様を欺むくわけにいかない。伴睦《ともちか》がお礼詣りに行かなければ、わしが行くより仕方がない」

そのまま母は木曽の御嶽山へ出かけてしまった。私は慚愧に耐えなかった。

こんな母だから、私が代議士に立候補するたびに、水垢離をとって当選を祈ってくれた。ある総選挙のとき、二月二十日という最も寒い頃だったが、毎朝五時には起きて水垢離をとっていたという。それを見た村の人は思わず涙がでたと、いまでも語り草にしている。

強い母性愛の持ち主だったが、決して盲目的なものではなかった。ことの理非は、きちんとわきまえていた人である。

東条内閣当時、私が鳩山先生と政治行動をともにしたため、翼賛選挙に非推薦で落選した。近所の人が母に「おしいことをしましたね。鳩山さんとの関係を切れば、黙っていても当選できたのに――」。慰めるつもりでいったが、母は、

「皆さんにお世話になりながら落選したのは、伴睦の不徳のいたすところです。しかし、今度の落選を決して口惜しいとは思っておりません。鳩山先生は伴睦の恩人です。いままで四回も当選できたのは、先生のおかげです。今度推薦で当選しても、それは恩人にそむくことになります。落選してよかったと思っています」

また、私が昭電事件にひっかかったとき、母はさだめし心配していることだろうと、獄中でも気になったが、実際はその逆であった。

「わしの子供にそういうバカなことをするのはいない。わしは伴睦の無実を信じている」

そういって北野の天満宮に願をかけていた。菅原道真公に願をかけると、無実の罪なら必ず晴らしていただけると、古いいい伝えがある。母はそれを信じていたのだ。私が二審で無罪になって、妻が郷里にもどったおり「わしも八十四歳になったから、一人で北野の天満様までお礼詣りに行くのは心もとない。お前一緒に行ってくれ」といって、二人で出かけている。母は一生、神様を信じて終った。

その母が三十二年三月三十一日、九十一歳で亡くなったので、納骨に京都の要望寺へでかけた。

京都の旅館に泊ったその夜、私は夢をみた。子供のときに一度夢をみて以来、絶えて久しく夢をみたことのない私だった。母の姿が現われて、「よく来てくれたの――君子（私の妻）も一緒になあ。皆んな達者でよいなあ。私は極楽へ来た。来た日にお祖師様からお呼び出しにあずかって、日蓮様のおひざ元に抱えられている。それはよいお上人さまだ。有難いことだ。極楽はとても美しいところで、年中美しい花が咲き満ちていて、何千羽という大小の鳥が美しい声でさえずっての――」と私に話しかけたのである。

私はすっかり嬉しくなった。母が父のことに触れないので、お父さんは、とたずねた。「一緒だよ」ときいて安心すると、朦朧と母の姿は消えた。もっと話したかったので「おっ母さん」、思わず叫んだとたん、かたわらの妻がこの声に驚いて私をゆり起こした。翌朝この夢を高橋日誨管長猊下に話すと「それは霊夢です。親孝行の一徳です」。恐縮しながらも、嬉しい思い出となった。

極楽へ花見に母の一人旅
九十一花に魁け散りし母

頼みごと

私は物ごとを頼まれると、大抵のことは引き受けてしまう。大は天下国家の重要事から、小は記念写真のお付き合いまで、事柄の大小は問わない。

衆議院議長時代だった。昔からの知人が銀座にパチンコ屋を開いたからぜひ一度きてほしいという。開店日の朝、店に立ち寄ると非常によろこんでくれた。ちょうどその時某新聞社のカメラマンがその店の前を通りかかって、店内にいる私に気がついた。つかつかと店に入ってきたカメラマン君、私にパチンコをやっている写真を撮らしてくれという。「いいよ」とはいったものの、パチンコの玉を手にするのはこれが初めて、いささか戸惑いした。その写真は特ダネ賞をもらったとか。議長がパチンコをやっているテーマが面白かったのだろう。後日、菓子折をさげて、このカメラマン君は私のところへお礼にきた。おかげで私は世間からパチンコ屋の大将と思われているらしい。

野坂参三君の中共行き旅券の問題で、外務省が難色を示したことがあった。困った野坂君は私のところにやってきて、外務省に話してくれという。共産党とは犬と猿の間柄の私だが、頼まれたのではやむをえない。奔走していると、忠告めいた苦情をいう党員がいた。そこで私はいってやった。「思想的に赤でない人間を中共にやるのは心配だが、赤の野坂君を赤の国に旅行させても、これ以上アカにはならない。格別、中共行きを騒ぐ必要はないよ」

軍人恩給問題がこじれた昭和三十三年一月のこと。遺家族団体が靖国神社に集まって首相官邸に陳情にくるというので、なんとか慰留して中止させることになった。党内に人材は多いが、こういうときの悪役は誰しも避けたがるのが人情だ。「それでは――」と、駆けつけ「諸君、しばらく待っていただきたい。大野伴睦は男でござる。いったん約束すれば、必ずや諸君の要望にこたえるよう努力する。今回の陳情は思い止っていただきたい」。いきりたっていた遺家族たちだが、私の演説通り陳情は中止した。もちろん、約束通り恩給増額は、大蔵省と折衝して希望に副うようにした。

党派にこだわらず、相手を選ばないで一応は、その事柄が大局からみて国に迷惑をかけないのなら、私はなんでも尽力する。一部の人は、このようなやり方をボス政治だとか非難するが、私は気にしていない。民主政治のもとでは、大勢の人のためになることを積極的に果すことが政治家の務めである。民意という言葉は、具体的には恩給を増やしてもらいたいことであり、橋をかけて欲しいことだ。民意を政治に反映さすと抽象的にいうが、大所高所から正しいと判断した民意は、どんどん橋となり恩給の増額となって現われなければ、国民は満足をしない。

こうした私の信条が、思いがけず頼まれてビル建設にまで発展したのが、消防会館の資金集めだった。

世間では私と消防とは、昔から深い関係があったようにみているが、終戦後まで私はなんの関心も持っていなかった。故人になった岡田正平新潟県知事が戦後間もなく、私のところへきて「今日の日本で、消防団くらい働く団体はない。風水害の救助から、犯罪発生の山狩りまで、必ず動員されている。そのうえ、全国二百万人の団員には、一人のアカもいない思想健全な団体だ。それだのに自由党は、これに対して助成、補助を考えようともしない」と慨嘆した。岡田君は、新潟県知事として県内の消防団の育成、強化をはかっている人だ。

同君の熱心な話を聞いているうちに、いざ火事といえば夜中でもとび起きて働く二百万人の人たちに、ポンプ車くらい揃えてあげたい、という気になった。第三次吉田内閣時代なので、蔵相の池田勇人君に助成金交付を頼んだ。池田君は「予算に新たな款項目を設けるのはまずいから大野さん、国会で決議して下さい。そうすれば、大蔵省ものみやすいから――」と入れヂエをしてくれた。

そこで社会党に乗り込んで、浅沼稲次郎君に「地方消防強化に関する決議案を提出するから、君の方も賛成してくれ」ともちかけた。「火事を消すのだから――」には、いかに万事〝反対ずくめ〟の社会党も承諾しないわけにいかない。次に改進党にも賛成を求めて私が趣旨弁明に立ち、万場一致で決議案を通過させてしまった。

決議案がきいて、数年後、やっと三億円の予算がとれた。以来、今日では六億五千万円もの助成金が地方の消防団体に支出され、器材の整備に使われている。しかし、私はこのくらいの助成金ではまだ不満だ。日本が火災で受ける損害は年間約三百五十億余円。一日に一億円に近い、国民の貴重な財産が灰になっている勘定だ。これを考えると、六億円の助成金は安いもの。二十億、三十億円使っても火災を防ぐ努力を払うべきだと思う。

大蔵省はわからず屋で、予算編成となると、良い目的のために増やすことは考えず、むやみに削ろうとばかりする。困ったものである。

なんとなく消防の予算問題で世話をしていたら、三十一年三月、全国消防協会会長になって欲しいという。熱意にほだされて引き受けることとし、港区芝西久保明舟町の同本部に出かけてみて驚いた。財団法人日本消防協会と名前こそいかめしいが、電電公社の立派な庁舎を前にして、みじめなバラック建て。

これでは十分な仕事は出来ない。協会幹部にきくと新築したいのだが金の都合がつかない。そこで協会の唯一の財産である七百坪の敷地の半分を売り、その代金で残りの土地にビルを建てるつもりだという。「これだけまとまった土地を切り売りするのはもったいない。建築資金の調達は私にまかせなさい」さっそく設計させてみると、地下一階、地上五階の冷暖房完備のビルで四億五、六千万円かかるという。

これには、まず全国消防団員百六十万人が百円宛の拠金で一億六千万円。残り二億数千万円を天下の浄財に仰げばよいとハラを決めた。といっても、金はすぐ集まるわけではない。しかし、全部集まるまで建築を待ってはおれぬ。どこか引き受けてくれる土建会社はないかと交渉したが、いずれもダメ。いつ集まるとも知れぬ寄付金をアテに、工事ははじめられないという。誰かいい後援者はいないかと、思案しているうちに、碁友達の間組社長の神部満之助君を思いついた。同君に事情を話すと「よろしい。消防団といえば、国家の大切な団体です。お役に立ちましょう。金は立て替えて建てておきます。その間に先生は寄付金を集めて下さい」。ポンと気前よく、こう引き受けてくれたのには、感激した。

神部君は国のためなら、自分の犠牲をいとわない義侠の人である。東宮御所の造営のおり寄進したかったが、タダでは失礼と一万円で入札した。世間はこれを売名行為と非難したが、同君の人柄を知らざるもはなはだしい。この間も、名古屋城の再建を四億円で請負って、一億円もの損をしている。再建資金の不足を知って、損を覚悟で建築したのだ。意気に感じると、水火をも辞さないという点で、当代一の男である。

工事の方は、間組に委せ一安心したが、寄付の方は思うようにはかどらない。他人様に寄付を求める前に、私自身も僅かではあるが、母の葬儀の香典返しの代りに、五十万円をいの一番に寄付した。

次に火事と最も縁の深い日本損害保険協会から、寄付してもらおうと考え、会長の田中徳次郎氏を訪ねた。田中氏とは、それまで全く面識はなかったが、こと業界と密接な問題だ。必ずや協力してもらえると確信していた。

初対面の挨拶ののち、用件を切り出す。田中氏は「それは結構なこと。業界としても、大いに協力したい」とうれしい返事だ。

「さっそくご援助下さって有難うございます。では、これだけお願いしましょう……」

私は、ひょいと右手を上げて指を一本出した。

「なるほど、一千万円でございますか――」

「いや桁《けた》がひとつ違います」

「えっ、一億円ですか――」

田中氏の頬がぴくりと動き、いままでの微笑も消えた。

「では、わたし独りの考えにもまいりませんので、協会の役員ともよく相談して、ご返事します」

何分よろしくと、一応引きさがったが、梨のツブ手で、いつまで待っても返事がこない。

催促すると「目下、協議中」の返事。半年も過ぎた三十二年の年末に、田中会長からの回答として消防協会の理事長から報告がきた。

「保険協会で協議しましたすえ、三千万円寄付することになりました。少なくて恐縮ですが、お納め下さい」

これをみて、私は思わず声が荒くなり、

「田中さん、一億円といえば三千万円くらい寄付してもらえると、サバを読んで申し上げたのではない。消防の強化で火災の被害が減れば、あなた方の会社にとっても大きな利益でしょう。日夜を問わず消防に身を挺している人たちに、一億円くらい寄付しても罰は当りますまい」

こんなハシタ金を受けとれるかと、大いに見得を切ったのだが、実をいうとこのとき、ノドから手が出るほど金が欲しかった。神部社長に金を立て替えてもらったものの、年末には寄付金も入れるから、建築費の一部に八千万円支払うと約束したばかりだった。

威勢よく火災保険会社の金を突き返したが「ご不満なら差し上げません」といわれれば、それまでのことと心配もしていた。

ところが、五月になると再び田中会長から連絡があり、五千万円で結着することにした。

「一億円でなければ――」と、もう一度、タンカを切りたいところだが、こちらも浄財を天下に仰ぐ弱い立場だ。「ご好意のほど、かたじけなく」と、この金を受け取った。一億円の寄付をアテにしていただけに、当方の計画は大狂い。

次の拠出先は、かねて親しい自転車振興会会長の松本学君に頼むことにした。面談十分余、競輪から五千万円の寄付を受ける話がまとまった。これで懸案の一億円も解決、残り一億数千万円を誰に頼もうかと考えている。間組の工事は着々進んで、三十四年二月十二日ついに完成。全国から団長はじめ団員一万人を招いて盛大な竣工式を行なった。

会館落成で、ほっと一息ついていると、この資金集めの事情を知っている某君が「徒手空拳の身で、よくも五億円も金を集めましたね。その秘訣を教えて下さい」という。そこで、私はこうこたえた。「無から有を生みだす。これが政治家たるものの、力量と手腕の見せどころさ。天下国家、多くの人のためになることに、財界人もすげない態度はとらないものだ。要は相手が信用するか、どうか。つまり、そこが政治家の生命とでもいうものだろう」。

多くの人たちの頼みごとを政治の上に、どんどん反映さそうと努力すると、世間では「陳情政治」と批判する。代議士の中にも、ひとたび当選すると選挙区の方に背を向け、まるで中央官庁の代弁者気取りで、陳情に冷淡なものがいる。民主政治から陳情を除いたら、そこに残るものは、明治のはじめから築かれてきた官僚政治しか残らない。お役所という官僚の安住の地で考えられる政治は、大部分は彼らの勢力拡大の政治である。国民の税金で公団や公社をつくると、その幹部の大半はお役人。ある事業に許可を与えると、古手のお役人が何らかの形式で就職している。身を守ることに本能的に得意な彼らの頭脳から生まれる政策なり政治が、国民の多くの満足を得られるはずがない。

では、国民はどこに不満をもっていったらいいのか。もっとも手近な方法として、自分らが選んだ国会議員に「陳情」するのが、自然の道というものだろう。

官僚は一般に陳情を迷惑がる。彼らの勢力拡大のうえに陳情がプラスしないからだ。彼らにとって勢力拡大のキメ手の許可、認可権や監督権は、小出しに使った方が得策と、万事、手の内をさらけだしたがらない。

その典型な事例が、年一回の予算編成で党と大蔵省の間の折衝に現われている。大蔵官僚は、財源を努めてかくす。党側の要求が強いので、ぽつぽつたんすの中から取り出してくるといった調子だ。一国の予算を編成するのに、総理大臣も当の蔵相も、どのくらい財源があるのかわからない。知っているのは主計局の役人だけである。

こんなことで、政治がうまくやれるわけがない。ごく少数の大蔵官僚が予算編成の実権を握っているのが実情で、ある意味での官僚独裁が行なわれている。私は毎年予算編成で大蔵省と渡り合うたびに不愉快な思いをする。一日も早く予算編成の実権を政府のものに取りもどさねばならない。内閣直属の予算編成局を新設するのが適当と考えるのだが、永年にわたってつちかってきた彼らの勢力の反対で、いまだに実現をみない。

私どもは、こうして官僚勢力と闘っているが、新聞などは、ときに役人側の肩を持つから理解に苦しむ。予算編成に与党側が横車を押す――のきまり文句で、新聞の論調は私たちにつねに批判的だ。民主政治で多数党が政治を行なうのに、党の主張がそのまま通らず、一部の役人の考えで左右されてしまう方が、よほど責められるべきであると思うのだが――。

新聞にもの申す

新聞とのお付き合いは、すでに五十年近くなる。院外団時代から政党記者と酒を飲んだり、碁を打ったりして今日に及んでいる。同志たちの会合から夜遅く帰ってみると、担当の記者諸君が待っている。年をとってくると、すぐにでも寝室に入りたいところだが、これも政治家稼業のつとめ。一日の政治の動きを、お互に話し合う。これが案外の勉強になる。お互の情報交換というわけだが、十中七、八まで私の方がニュース・ソース。「この話は二、三日書かないでほしい」といったきわどいところまで記者諸君に話をする。翌朝の新聞で、政党関係の記事はあまり興味がない。ほとんど、こちらがニュース・ソースなのだから、むしろ見当はずれの記事に苦笑するくらいだ。

それでも東京紙は起床と同時に一応、全部みる。ただし社説は精読する。教えられることも多いので、これはと思う社説は切り抜きもする。最近では共産党の「アカハタ」にも目を通す。

五十年近くも、新聞を読みつづけていると、やはり戦前戦後を境に、新聞も大きく変ったと思う。政治の仕組みから変ってきたのだから、当然のことだが。主義主張を強く打ち出すという点では、むしろ昔の新聞の方を高く評価している。

最近の新聞は報道の客観性を強調するあまり主張がない。事実をゆがめることなく、正しいこと、悪いことにもっと勇気をもってのぞめるはずだ。懐古趣味めくが、その点は昔の新聞の方が、言論の不自由な中で政府や軍部を批判していた勇気が立派にみえる。新聞だけでなく、記者自身も、ひとかどの誇りにあふれていたように思う。前田蓮山氏とか野村秀雄氏と風格のある記者が多かった。近ごろの若い者はと、老人風にいうわけではないが、オフ・レコの条件で秘密の話をしたら、約束に反して明日の新聞に記事になったことがあるが、これなど戦前では全く想像できなかったのではないか。

新聞の斬り捨てご免については、すでに各方面で批判されているが、私もときおり、その被害者になっている。

昭電事件でふとん部屋に逃げ込んだとのデマも、某紙がいい加減に書いたためで、私はとんだ迷惑をうけた。最近の例では、新東海道新幹線の羽島駅問題で私が強引に国鉄に圧力をかけ、駅を新設させたと面白おかしく書きたてたことである。

新東海道線の構想には、鈴鹿山脈にトンネルを掘り、京都に出ないでひといきに大阪へ抜ける案があった。この構想では岐阜県を通らないので、当然駅どころではない。そのうちに土質試験の結果、トンネルが掘れないことがわかり、路線は岐阜県内を通るという。そのくせ、駅はひとつも設けていない。他の県では二駅も予定してあるくらいなので、これでは県民感情がおさまらない。国鉄にこの点を注意したところ、岐阜市を通ると莫大な予算がかかるので、岐阜市に最も近い羽島市に駅を設けることになった。

問題はこれだけのことで、政治家として当然のことをいったまでだが、まるで私が横車を押したかのように、新聞は騒ぎたてる。新線が東京と大阪だけを短時間で結べば、それで目的を達するというのなら話は別だ。沿線の県民の利益も考慮する以上、ひとつの県を全く素通りするわけにはいかない。私を批判する新聞ですら、県版を設けてそれぞれの県民にサービスをしているではないか。

新聞がつねに使いたがる言葉に「派閥」がある。自民党はその本家本元のようにいうが、新聞社にも聞くところでは、いろいろな派閥があるそうだ。ご自分のことは棚に上げて、私たち保守党だけが派閥抗争に明けくれ、政治をゆがめているかのように伝える。先日、社会党の委員長問題で河上君と浅沼君が争ったとき、ある人が「社会党にも派閥があるのですね」と、新発見でもしたかのように語っていた。

人間三人集まると必ず好ききらいができ、自ら派閥が起こる、つまり人間の本性がなせるわざ。新聞記者だろうが政治家や医者を問わず、やむをえない現象である。人間の集団に派閥の発生が避けられないのなら、発生する派閥をいかに扱えば円満に集団生活が営まれるかを、考えた方が得策である。

私は派閥の存在を肯定しているし、出来もしない派閥解消を唱えるほど書生でない。むしろ派閥同士をどうやったら仲よくひとつの党内でまとめられるか。派閥の扱い方の研究に関心があるといってよい。

新聞もいい加減に青くさい「派閥解消」の書生論から脱却して、もっと大人の政治論をきかせて欲しいものである。

議会政治論

日本の議会政治が発足した年に私は生まれた。従って私の歳と同じ七十年の歴史をもつ議会だが、戦前は軍部や枢密院があったので、本当の意味で今日のような自由な議会政治は行なわれていない。七十年の歴史はあっても、実際の成長ぶりは、年数に必ずしもふさわしいとはいえない。

まず気付くことは、議場のつくり方である。議会政治といえば、しょせん話し合いの政治だが、今日の議場は話し合うのに都合の悪いような設計である。とくに、本会議場は一段と高い大臣席というひな壇がある。勢い壇上に上った議員は、二階の傍聴席や記者席を意識して、大向う受けする演説をぶつ。なるべく相手を刺激して問題となり、議場混乱とか新聞に書いてもらいたいのだ。

これでは話し合いどころか、ケンカ口論のための演説となってしまう。議員の心掛けもさることながら、やはり話し合える雰囲気をつくることも大切だろう。

それには、なにはさておいても、ひな壇などは取りはらい、円卓会議でもするように与党、野党がひざつき合わせて話せるように、議場を改造することである。聞くところでは、今日の議場は伊藤博文ら明治の先覚者がドイツ式の議場にするか、イギリス式にするか大いに論じたが、なんといっても当時は「帝国議会」というわけで、ドイツ式に落着いたという。

今日は当時と時代が違う。大臣は議員より偉いといった風に、ひな壇に座っている時代ではない。一日も早く改造されてしかるべきだが、実際問題となると、おいそれとはいかない。本会議の質問演説が写真入りで新聞にでると、でないとでは、選挙の票に影響があると思い込んでいる諸君がいるし、――事実、そういうこともあるらしいが――簡単にことがはこばないのだ。

私と同じ年の議会のことに触れたが、ひるがえって私自身の政治歴はというと、語るほどのことはないが、たったひとつの誇りがある。それは一回も仕官しなかったことだ。今日までの半生で一回も官僚になろうと思わなかったことは、民主政治の議員として、われこそ民衆の代表との自負の念をもっている。

岐阜の山中から上京した書生時代も、役人志望でなく弁護士が夢だった。院外団から市会議員、昭和五年の初当選と、今日まで歩んだ道はすべて、民衆の側の道だった。その代り戦争中は軍部にいじめられたし、終戦後はＧＨＱににらまれ、昭電事件にひっぱり込まれた。

党人として、ここまで歩んできたが、私が最後まで力を尽さねばならぬ点は、日本の政治から官僚勢力を追い出すことだ。明治以来、日本の政治を支配してきた軍部はすでにないが、官僚勢力は相変らず根強い勢力を誇っている。

こういう官僚政治家は、口先では立派な政策にもとづいて日本の政治をよくしたいと、きれいごとを述べる。もちろん、政策は大切である。が、それだけが政治のすべてではない。なによりも大切なのは、政治に血と涙が通っていることである。明治の名弁護士の花井卓蔵氏が、冷たい法律にも血も涙もある。その代表的なのが、執行猶予の制度であると語っている。

まして、人の集りである政治において、涙のない政治は考えられない。これなくして、いかなる立派な政策も一片の紙くずでしかない。人の心に通う政治という点では、権力の座に安住してきた官僚政治家にそれを求められない。半生を国民の中ですごしてきた私たち党人によってのみ、実現されるのだ。

私の句碑

私は多趣味な男だ。囲碁は去る三十五年日本棋院の五段になった。読書は暇さえあれば、手当り次第なんでも読む。東京堂へは時々出かけて新刊書をあれこれと購う。今や蔵書万巻である。たまには麻雀の牌《パイ》も握る。なかんずく俳句は学生時代から好きであった。俳歴は長いがちっとも上達しない。〝下手の横好き〟とは誰が言うたか知らないが、うまい表現だ。

政治家の末端に連る私は、やれ国会審議だとか、やれ総裁の公選だとか、さては反主流派の動きが活発だ等々、一年中、政治に追いまわされている。昼夜を分かたず家を外に飛びまわらねばならない。全く疲れ切ってしまう。こんな時に気分転換をはかるために〝若葉〟や〝ホトトギス〟等の俳句雑誌を読む。これが私にとって一番の妙薬だ。政治生活もすでに代議士在職三十年近くになる。もはや適当な時期に政界を退き、余生を白雲の如く悠々と好きな俳句や囲碁で送りたい。しかし実際にはなかなかむつかしい。私が政界の一線を退き、間もなくあの世にでかけたら、ものの三年もたたぬうちに世間は私を忘れてしまうだろう。凡夫の浅間しさかもしれぬが、これはなんとしても侘びしいことだ。そこで数年前からひそかに生存中一つでも二つでも出来ることなら日本のあちこちに七、八つ、素人俳人の句碑を残して同志の語り草にしてもらいたいと淡い希望を持つようになった。この私の願いがこのところ相次いで叶えられ、すでに二十近くも建ち、私は嬉しくてならない。

句碑一号は昭和二十六年、私の郷里から程近い美濃の牧谷というところに建った。

鶯や美濃の牧谷紙どころ

この句は富安風生先生の指導を受けている東嶺句会で吟した句で、風生先生からお賞めに預った一句である。私の生まれた美濃は、いわゆる美濃紙の産地として知られている。特に牧谷は盛んなところで、私の大事な選挙区であり、金城湯池ともいうべきところである。長良川の支流、板取川に面した風光明眉な渓谷で村民の七、八割は、昔ながらの手すき工業を営んでいる。花咲く春ともなればどの家も軒毎に、手すきの真白な美濃紙を干し、鶯はひねもす啼きやまぬという平和郷、その光景は一幅の画になる土地である。岐阜出身の加藤栄三画伯がかつてここを描かれた記憶がある。さる年の選挙演説で、私は遠くこの地を離れても牧谷のことを忘れたことはないとのべてこの句を披露した。これが契機となって牧谷の方々が建立して下さったのがこの句碑である。除幕式には風生、橋本花風両先生等が臨席され、終って岐阜市で盛大な句会を催していただいた。この時のことは終生忘れられない思い出である。

句碑二号は昭和二十八年鎌倉市長谷観音境内に建った。

観音の慈顔尊し春の雨

この句もまた東嶺句会で吟じた句だが、風生先生から観音様を吟じた句では大した句だとお賞めを受けた。これを伝え聞いた私の友人で、鎌倉在住の元自治庁次長遠山信一郎君が友人の間を奔走してくれて建立をみるに至った。除幕式の当日は生憎の雨だったが、俳聖故高浜虚子、富安風生、久保田万太郎の諸先生をはじめ同好の士多数の参列を得た。諸先生の祝辞をうけ素人俳人万木はこの光栄に感涙にむせんだものだ。

次に元厚生大臣の神田博君とある秋晴れの日に、東海道をドライブした。由比か蒲原あたりであった。眼の前に展開する三保の松原、浪静かな海、伊豆は指呼の間にあって霊峯富士も見え隠れしていた。

　　秋晴れや三保の松原一文字に

　これが万木句碑第三号として、名刹興津清見寺境内にまみえることになった。神田君の肝煎りである。これには面白いエピソードがある。境内には榎本武揚の頌徳碑が建っており、高山樗牛の記念碑もある。ここの住職古川大航師は京都妙心寺の管長を兼ねておられる名僧智識だが、神田君が句碑の建て方を懇請したところ、一体誰の句碑か、人物に依っては御免だといわれたそうだ。そこで大野伴睦のものだというと、よろしい、自分は岐阜県には末寺が沢山あるので、大野さんの郷里近くには、しばしば赴く。大野さんは稀にみる親孝行者だと聞いている——と喜んで承諾されたとのことだった。いささか面映ゆいが、親の功徳である。

　その後、郷里美山村百瀬というところに、永久橋が架設された。村は私の功労であるとして浄財を集め、橋畔に万木句碑第四号を建てて下さった。

　　不壊の橋かかり百瀬の水温む

　つづいて愛知県知田半島衣ヶ浦に友人半田市長深津玉一郎君、愛知県知事桑原幹根君らのお世話で第五号が建った。

　　梅の花夢のかけ橋夢ならで

岐阜県養老公園には数人の句が集まって句碑になっており、私のは、

養老の滝の近みち初紅葉

というのが加わっている。つづいて岐阜県蘇水峡には、

岩つゝぢ千仞の渓霧晴るゝ

というのがある。さらにさる三十三年十一月三十日には、その数年前から計画されていた岐阜県久瀬村に、中部電力会社のダムが完成したというので、いささか私の功労もあったとして村民挙げて句碑が建てられた。

蜩や徐かに昏れ初む久瀬の湖

次に岐阜県美濃市の小倉公園に、子供の時遠足に行った思い出を吟じた、

みなれたる古城の山や月おぼろ

というのが句碑になっている。また木曽川の川の中に川島町という小さな島にできた町がある。この島は愛知県と岐阜県の県境に位し、いまなお岐阜県側は渡船で往ききをしている始末。そこに三十三年愛知県側に永久橋がかかり、その渡橋式に私の功労を多として招かれた。その時新しい橋に立って木曽川をみて、

縦にみる木曽の流れや夕ひばり

と吟じたところ、橋の竣工式が、早速句碑建立の準備会と早変りする始末だった。三十

四年春には立派な句碑が建てられた。

さらに三十四年春、参議院の選挙で、全国を遊説中九州の日向路に入った。久し振りの日向路とあって友人川野芳満代議士とともに寸暇をみて青島をみた。

異国めく日向青島青嵐

これが同年十月、川野君の肝煎りで青島の入口に句碑となった。句の青嵐のせいでもあるまいが、除幕式には大変な嵐となったことが印象深い。これで万木句碑十一号が建立されたわけだ。

以下今日までに建てられた句碑を紹介すると――、

去りがたき滝の養老夕紅葉

三十五年十月七日建つ。この句は岐阜県の名所養老の滝に遊んだとき吟じたものである。特に紅葉の名所で、地もとの有志によって養老公園の滝の近くに建てられている。

鹿追うて来り若葉の関ケ原

三十五年十月八日建つ、織田時代の天下分け目の戦いのあった関ケ原の古戦場の句である。選挙のとき関ケ原に演説に行き、往時を偲びよんだものである。鹿追うての鹿は、今日では一票一票の票に通じるものである。

鶯や豊山荘の裏おもて

三十六年七月七日名古屋に建つ。岐阜出身者で名古屋において成功している親友山田泰吉君の自宅新築に招かれ、咏んだ句である。邸宅は名古屋市内にあって濃尾平野を一望に眺められる小高いところに建てられ、実にすばらしい。個人の宅に建てられたのはこれがはじめてである。

鵜かがりや闇美しき金華山

鵜飼いで有名な長良川、鵜、それに金華山を背景に咏んだものである。丁度長良橋のたもとに三十七年の一月に完成した。

みはるかす揖斐川ひかる月今宵

これは三十七年五月、揖斐川ぞいの揖斐町に建てられた。多年、揖斐川の堤防、改修などで世話になったといって地元の人達でつくられたものである。

金華山を咏んだ句にもうひとつあり、これは三十七年秋、金華山の山頂に建つ予定である。

天そそる金華の城や風光る

このように私の夢は次々に実現して来ている。何とも嬉しいかぎりだ。この書を書き終えた今も、何か名句はないものかと、思いふけっている私である。

解　説

御厨　貴

大野伴睦の回想録はとにかく面白い。「党人派政治家」の中でも、これだけ自らを曝《さらけ》出し、あっけらかんと自らを語った政治家は、最近には類例をみない。そもそも「党人派政治家」が何を意味するかが、若い人のほとんどが分らないであろうから。戦後の保守政治の流れの中で、官僚出身の政治家が「官僚派政治家」として次第に主流をなすにいたる。これに対して戦前の系譜を引き、戦後も公職追放の憂き目にあいながら復活してきた、様々の履歴をもつ政治家が「官僚派政治家」に拮抗する「党人派政治家」として浮かび上がってくる。大野伴睦、河野一郎、三木武吉、益谷秀次、林譲治といった政治家で、いずれも首相にはなれず、自民党にあっては副総裁、内閣にあっては副総理、止まりの人が多かった。

さてこういった政治家の有様を知るのに、自伝、回顧録、追想録の類がいかほど役に立つのかということになると、大旨否定的である。一族郎党あげての顕彰《けんしょう》伝が多いことは否定しない。「ウソばかりでしょ」とか「いかにエライかでしょ」とか、読むだけムダの本とされてしまうものが多い。実は戦後復興から保守合同をへて高度成長期に至る戦後保守政治の確立時代（一九四五―一九七〇）は、戦後の「官僚派政治家」―吉田茂、池田勇人、佐藤栄作、各首相―が、間に戦前の「官僚派政治家」―岸信介首相―をはさみつつ、戦前からの「党人派政治家」―鳩山一郎、石橋湛山、各首相―を圧倒していく過程であった。人物的に言うと、「官僚派政治家」より「党人派政治家」の方がすごく魅力的に見えるにもかかわらず、政策や法律の立案に関しては今いちであるため、「党人派政治家」の影は薄くなってしまう。

つまり「党人派政治家」は、現実の政治の上で後れをとったばかりか、歴史的検証の上でも無視されてしまう。だが「官僚派政治家」のなしえたものだけが、〝政治〟ではない。「党人派政治家」のなそうとしたものも、実は〝政治〟なのだ。「党人派政治家」の第一人者をもって自ら任じる大野伴睦のこの回想は、〝政治〟のもう一つのあり方を示そうとしている。まずは成り立ちについて触れておこう。これは大野が自ら筆をとって書いたものではない。今風にいえば、オーラル・ヒストリーの手法を用いている。しかし何か一つのテーマに沿っているわけではなく、生涯をクロノロジカルに語っているものでもない。折に触れて大野がしゃべったものを、大野の秘書だった山下勇と親しい新聞記者たちが編集したと、「まえがき」にある。この点は、大野番記者として大野ときわめて親しかった渡邉恒雄が、自らのオーラル・ヒストリー『渡邉恒雄回顧録』（中公文庫）の中で、次のように明かしている。

「一九六二年にこれまた弘文堂から、『大野伴睦回想録』というのが出ますが、あれも一部は僕が書いたけれども、大部分は山下勇秘書が東京新聞の記者を一人呼んで、大野伴睦が話したのをまとめさせたんです」

平仄《ひょうそく》はみごとに一致している。ウソでも、エラがりでもなく、大野伴睦の五感によって感じとったものを、これまた大野をよく知る記者と秘書とで練り上げた、強烈な自己主張の書であると言うことができる。一言でいうと、抱腹絶倒の書であり、〝政治〟に対する「党人派政治家」の見方の堂々たる宣言の書なのである。彼の生き方そのものが、極端なまでの〝党人派的な政治的人間像〟を浮き彫りにしているのだ。

ではその構成に沿って見ていこう。七章仕立ての回想録の「第一章　生いたちの記」と「第二章　青春日記」は、大野の血湧き肉躍る若かりし時代を、縦横無尽に語る。自ら帝国議会開設の年（一八九〇）に生まれたことを誇り、青春の咆哮《ほうこう》をくり返しながら、第一次護憲運動に参加し、やがて政友会の院外団にごく自然に入っていく。院外団といっても自由民権期とは異なり、いささか政党のお荷物と化していた時代の筈だが、大野の語るところでは斜陽の雰囲気は微塵《みじん》も伝わってこない。「院外団に入ってからの私は、水を得た魚のように動き回った。地方へ遊説に行けば日当を十円もらえる。地元ではわれわれに一銭も使わせないで、旅館の手配から人力車まで用意してくれる。十円はまるまる残る、その金で酒をのみ、芸者遊びと、大いに青春を楽しんでいた」。破茶滅茶ぶりの青春譚《たん》は、さらに続く。

「院外団時代には随分面白い思い出がある。その代表的なのが獄中生活だ。（中略）院外団時代は血気にはやっていたし、『監獄がなんだ』とハラも据えていたので、人生の表裏を知るにはいい勉強をした」。まことに恐れ入った話が次から次に現れる。「監獄数え歌」など作って、その後の実生活でも披露して人と人をつないでいくのだから、無茶ぶりは驚嘆に値する。その無茶ぶりをもって政友会総裁原敬にかわいがられているエピソードを読むと、原の意外な一面を知ることにもなる。

このセルフ・メイドマン（独立独歩型人間）ぶりは、明治期の高橋是清（『高橋是清自伝』上　中公文庫）に通ずるものがある。また占領期の笹川良一（笹川良一『巣鴨日記』中央公論社）も同様のセルフ・メイドマンぶりを発揮していた。大野はしかし戦後になると、次第にセルフ・メイドマンを通せないことに気がつく。先にとんで第四章を見ると、昭電事件における「獄中生活」と戦前二回のそれとくらべると、人の心に天地の差があることを知った。大正時代の監獄では私にタバコをこっそり吸わせた木名瀬典獄がいたり、浅草見物につれていった渋田利手がいた。戦後の人たちには、こうした人間味のある人物が全く見当らない、とある。まことにここには威勢よきかつての大野の姿はなく、時代の変わりようを嘆くボヤきの大野の姿しかみえない。「第三章　陣笠時代」は、市会議員から代議士の時代、「第四章　恩讐の政界」は、鳩山派の代議士として活躍し、戦中・戦後の激動期を生き抜く様をほぼ時系列に描く。セルフ・メイドマンたる大野が人間関係を築く方法は唯一つ。最初から仲良くならない。無視し無視される人間関係、あるいは徹底的に「政敵」と言えるほどの敵味方関係がよい。相手と対峙すると徹頭徹尾、共に天を頂かずとのケンカ状態になる。だが、そのケンカの実戦の中で意外に相手をこれは人物だと感じるようになり、急速に雪どけ現象がおこり、そこから一瀉千里に百年来の知己となるのだ。この人間関係の構築方法は、大野と近かった渡邉恒雄にも垣間《かいま》見られるものである。「第五章　戦後傑物伝」と「第六章　忘れ得ぬ人々」は、大野の政治生活の中で出会った様々の人物についての人物月旦である。「政治家に政敵はつきものだ」で始まる最大の政敵、三木武吉となぜ保守合同では一心同体の同志となりえたか。「三十年間もお互に、一歩も立場や主張を譲らないで競い合ったガン固さが、ひとたび氷解すると、かえってお互を尊重し合い強い推進力となって十分にその力を発揮できたように思う。本当の意味の「政敵」とは、そういうものかもしれない」。セルフ・メイドマン同士だったからこそ、理屈抜きの結びつきが可能だったと言うことであろう。

その後、自由民主党初代総裁をめぐって、鳩山と緒方がどうしても譲らずデッドロックに乗り上げた時、大野は「戦前の政友会に、総裁代行委員制のあったことを思い出し（中略）『鳩山、緒方、三木、大野』の四代行委員制が生まれた次第だ」と、さりげなく語る。大野と親しかった渡邉恒雄は、いささかあきれたように「三木や大野伴睦なんていう人は、すぐ戦前の知恵を思いつくんだね」と「党人派政治家」ならではの解決の仕方に驚嘆している。

「第七章　私の素顔」は、戦後デモクラシーに棹《さお》さす物言いの随想だが、セルフ・メイドマンとしての大野の本質を携えて放さない。まずは「待合政治論」。「世間では私たち政治家が料亭に集って政治を論じると『待合政治』と非難する」が的はずれである。「政治上の意見の相違で、テーブルをはさんで目くじらをたてて論議することも必要だが、政治―とくに民主政治は、双方がお互の立場をある程度認めて『妥協』することも大切なことではあるまいか」だから酒食の席が必要なのだ。次いで「ボス政治論」。「党派にこだわらず、相手を選ばないで一応は、その手柄が大局からみて国に迷惑をかけないなら、私はなんでも尽力する。一部の人は、このようなやり方をボス政治だとか非難するが、私は気にしていない。民主政治のもとでは、大勢の人のためになることを積極的に果すことが政治家の務めである」からだ。

かくて最後に「議会政治論」において、大野はセルフ・メイドマン、そして党人派の〝政治〟の立ち場からケンカを売る。「党人として、ここまで歩んできたが、私が最後まで力を尽くさねばならぬ点は、日本の政治から官僚政治を追い出すことだ」「もちろん政策は大切である。が、それだけが政治のすべてではない。なによりも大切なのは、政治に血と涙が通っていることである」。

そして「涙のない政治は考えられない」とした大野は、「人の心に通う政治という点では、権力の座に安住してきた官僚政治家にそれを求められない。半生を国民の中ですごしてきた私たち党人によってのみ、実現されるのだ」と、悲壮《ひそう》な決意を述べる。もう一つの〝政治〟をとり戻すのは果たして可能なのか。大野には分かっていた筈だ。戦後デモクラシーの中で遂に戦前由来の「党人派政治家」は、所を得ることなく滅びゆく運命にあったことを。

（みくりや・たかし　近現代日本政治史）

編集付記

一、本書は一九六二年に弘文堂から刊行された大野伴睦『大野伴睦回想録』を文庫化し解説を付したものである。

一、今日の人権意識または社会通念に照らして、身体、身分、職業、民族及び当時の国名、団体名などの呼称について差別的な用語・表現があるが、時代背景と原著作者が故人であることを鑑み、そのままとした。

中公文庫

大《おお》野《の》伴睦《ばんぼく》回想録《かいそうろく》

2021年3月25日　初版発行

著　者　大《おお》野《の》 伴《ばん》睦《ぼく》

発行者　松田 陽三

発行所　中央公論新社
〒100-8152　東京都千代田区大手町1-7-1
電話　販売 03-5299-1730　編集 03-5299-1890
URL http://www.chuko.co.jp/

DTP　嵐下英治
印　刷　三晃印刷
製　本　小泉製本

Published by CHUOKORON-SHINSHA, INC.
Printed in Japan　ISBN978-4-12-207042-4 C1123
定価はカバーに表示してあります。落丁本・乱丁本はお手数ですが小社販売部宛お送り下さい。送料小社負担にてお取り替えいたします。

い-10-2
外交官の一生
石射猪太郎

日中戦争勃発時、東亜局長として軍部の専横に抗し、戦争終結への道を求め続けた著者が自らの日記をもとに綴った第一級の外交記録。〈解説〉加藤陽子

206160-6

し-45-1
外交回想録
重光　葵

駐ソ・駐英大使等として第二次大戦への日本参戦を阻止するべく心血を注ぐが果たせず。日米開戦直前まで約三十年の貴重な日本外交の記録。〈解説〉筒井清忠

205515-5

し-5-2
外交五十年
幣原喜重郎

戦前、「幣原外交」とよばれる国際協調政策を推進した外交官であり、戦後、新憲法に軍備放棄を盛り込むことを進言した総理が綴る外交秘史。〈解説〉筒井清忠

206109-5

い-130-1
幽囚回顧録
今村　均

部下と命運を共にしたいと南方の刑務所に戻った「聖将」が、理不尽な裁判に抵抗しながら、太平洋戦争を顧みる。巻末に伊藤正徳によるエッセイを収録。

206690-8

お-19-2
岡田啓介回顧録
岡田　啓介
岡田貞寛 編

日清・日露戦争に従軍し、条約派として軍縮を推進、二・二六事件で襲撃され、戦争末期に和平工作に従事した海軍高官が語る大日本帝国の興亡。〈解説〉戸高一成

206074-6

ケ-6-1
13日間　キューバ危機回顧録
ロバート・ケネディ
毎日新聞社外信部 訳

互いに膨大な核兵器を抱えた米ソが対立する冷戦の時代。勃発した第三次大戦の危機を食い止めた両国首脳ケネディとフルシチョフの理性と英知の物語。

205942-9

さ-4-2
回顧七十年
斎藤　隆夫

陸軍を中心とする革新派が台頭する昭和十年代、「粛軍演説」等で「現状維持」を訴え、除名されても信念を曲げなかった議会政治家の自伝。〈解説〉伊藤　隆

206013-5

チ-2-1
第二次大戦回顧録　抄
チャーチル
毎日新聞社 編訳

ノーベル文学賞に輝くチャーチル畢生の大著のエッセンスをこの一冊に凝縮。連合国最高首脳が自ら綴った、第二次世界大戦の真実。〈解説〉田原総一朗

203864-6

各書目の下段の数字はISBNコードです。978－4－12が省略してあります。

ハ-16-1
ハル回顧録
コーデル・ハル
宮地健次郎 訳
日本に対米開戦を決意させたハル・ノートで知られ、「国際連合の父」としてノーベル平和賞を受賞した外交官が綴る国際政治の舞台裏。〈解説〉須藤眞志
206045-6

マ-13-1
マッカーサー大戦回顧録
マッカーサー
津島一夫 訳
日米開戦、屈辱的なフィリピン撤退、反攻、そして日本占領へ。「青い目の将軍」として君臨した一軍人が回想する「日本」と戦った十年間。〈解説〉増田 弘
205977-1

ま-2-3
回顧録（上）
牧野伸顕
重臣として近代日本を支えた著者による、政治・外交の表裏にわたる貴重な証言。上巻は幼年時代より、イタリア、ウィーン勤務まで。〈巻末エッセイ〉吉田健一
206589-5

ま-2-4
回顧録（下）
牧野伸顕
文相、枢密顧問官、農商務相、外相などを歴任し、パリ講和会議にのぞむ。オーラル・ヒストリーの白眉。年譜・人名索引つき。〈巻末エッセイ〉小泉信三、中谷宇吉郎
206590-1

わ-21-1
渡邉恒雄回顧録
御厨 貴 監修
伊藤 隆
飯尾 潤 聞き手
生い立ち、従軍、共産党東大細胞時代の回想にはじまり、政治記者として居合わせた権力闘争の修羅場、社内抗争、為政者たちの素顔などを赤裸々に語る。
204800-3

い-131-1
真珠湾までの経緯 海軍軍務局大佐が語る開戦の真相
石川信吾
太平洋戦争へのシナリオを描いたとされる海軍軍人が語る日米開戦秘話。日独伊三国同盟を支持し対米強硬を貫いた背景を検証。初文庫化。〈解説〉戸髙一成
206795-0

な-52-5
文豪と東京 明治・大正・昭和の帝都を映す作品集
長山靖生 編
繁栄か退廃か？ 栄達か挫折か？ 漱石、鷗外、鏡花、荷風、芥川、谷崎、乱歩、太宰などが描いた珠玉の作品を通して移り変わる首都の多面的な魅力を俯瞰。
206660-1

な-52-7
文豪と女 憧憬・嫉妬・熱情が渦巻く短編集
長山靖生 編
無垢な少女から妖艶な熟女まで。鷗外、花袋、荷風、漱石、谷崎、安吾、太宰らが憧れ翻弄された女性を描く。主人公の生きざまから近代日本の「女の一生」がみえる。
206935-0